平和憲法だけで国は守れる

——父子苦難の百年

岡井敏著

目次

第一部
第一章　昭和天皇の真筆　5
第二章　父の「国家は中心より滅ぶ」　17
第三章　「二つの文化」道理主義　94
第四章　前大戦の反省——道理に徹する平和論　112
第五章　防衛論と憲法問題（一）九条解釈の破綻　121
第六章　防衛論と憲法問題（二）平和的防衛論の建設　147
第二部
第一章　戦争について考えたこと、実行したこと　168
第二章　ハイドパーク覚書「原爆は日本人に使う」　201
第三章　原爆と戦争に関するメモ二、三　221
第四章　被団協に対する疑問　230
第五章　核廃絶は国際法で　242
補　章　ニュートンのプリンキピア　256
あとがき　266

二〇一九年年頭発表の昭和天皇真筆には驚くほどの誤字珍字。
百年前、著者の父は「国は中心から滅ぶ」と天皇の再教育に奔走、失敗。
志を継ぐ子は「平和憲法で日本を守る」を実行可能な道理であると語る。

脚注　表紙写真は、「横浜大空襲下、ハダシで避難する子どもたち」（一九四五年五月。毎日新聞提供）

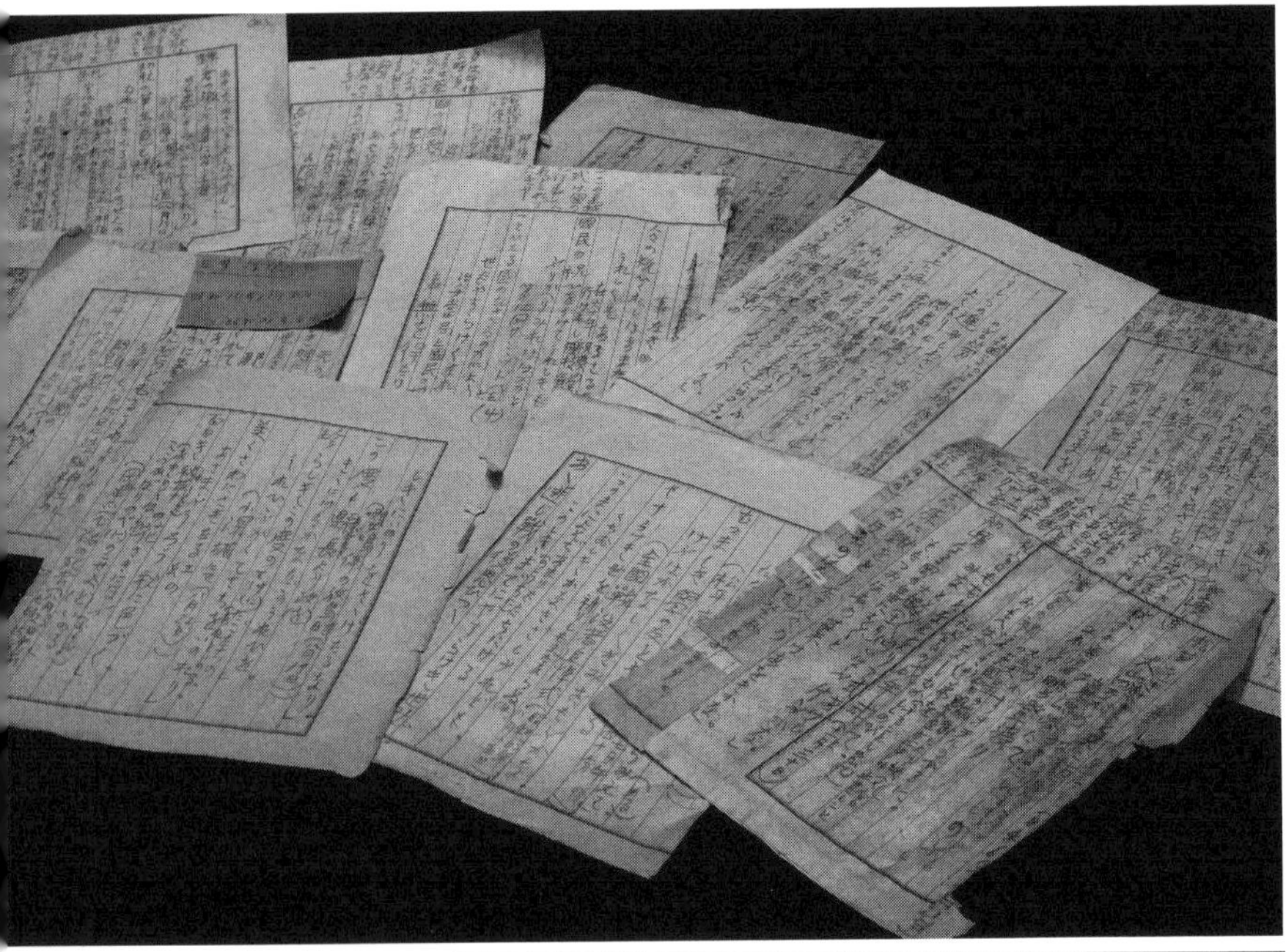

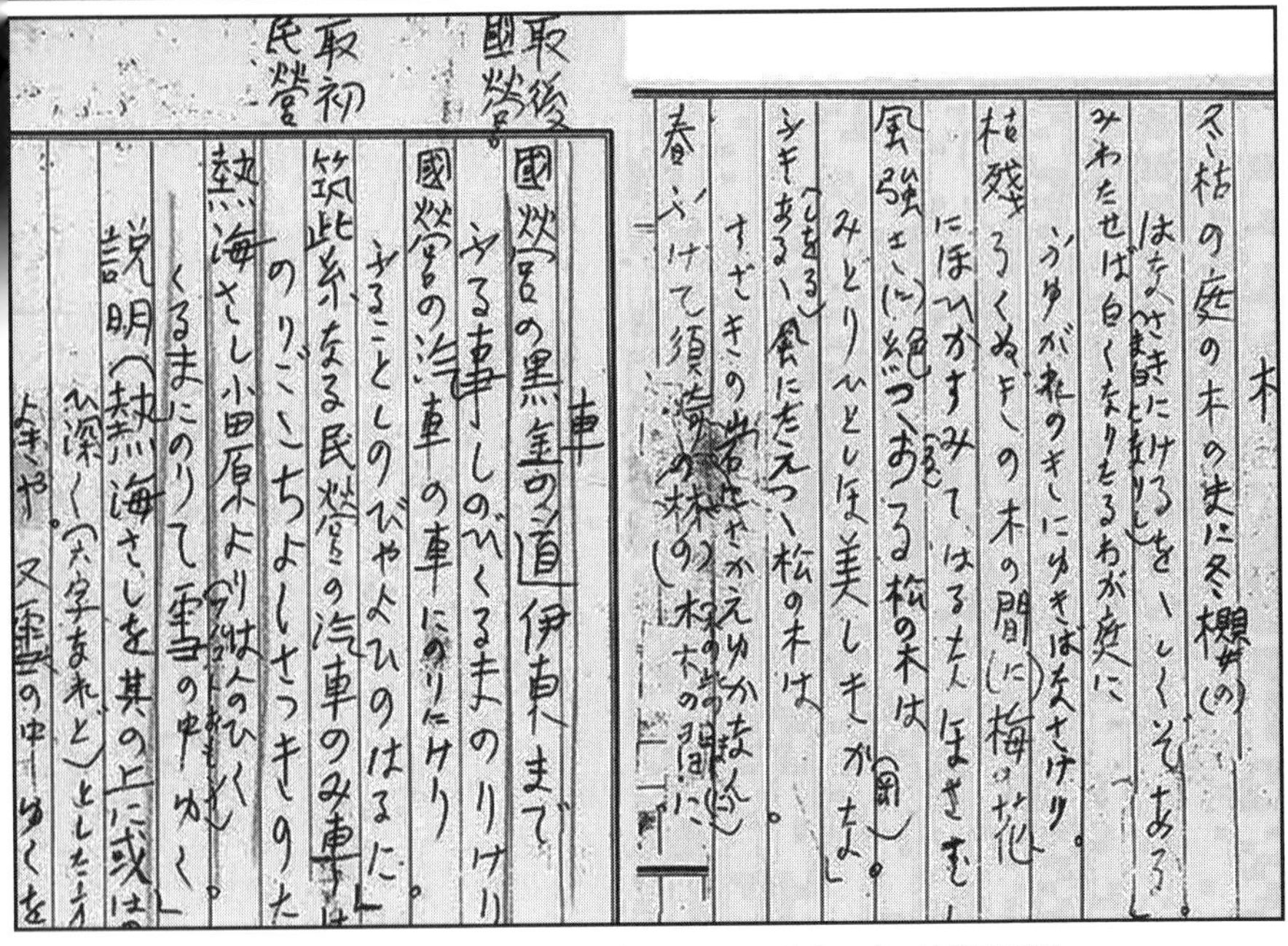

昭和天皇の真筆（2019 年 1 月 1 日公表、毎日新聞提供）

第一部　第一章　昭和天皇の真筆

誤字珍字の昭和天皇の真筆原稿

平成の年号が今年最後という年、二〇一九年（平成三十一年）の一月一日、朝日新聞の第一面に「昭和天皇直筆の和歌の原稿が見つかった」と大きく報じられた。その昭和天皇の原稿というのは、保管していた人が匿名を条件に出したもので、朝日新聞にとっては大きなスクープであろう。だから一月一日の第一面を飾ることになって、同日の別の紙面には原稿の詳しい説明記事が載せられた。その上さらに一月三日には、昭和天皇の原稿には天皇の心境を映すメモがあるとして、これも大きく報じられた。何れの記事にも原稿の写真が載せられたのだが、以上すべてを総合して異常なほど目を引いたのは、記事自体というより、昭和天皇真筆の写真だった。というのは、天皇真筆はこれまで見たことが無いような乱雑な粗末な字だったからである。私は最初それを見た時、これが天皇の字かと、ただ驚くだけだったが、直ぐにそれをぼんやり眺めているだけでは済まされないような気分になった。昭和天皇の字を一字一字ちゃんと見る必要があると思ったのである。

写真は原稿罫紙の大きさに比べて余りにも小さかったたから、きちんと見るためには場合によっては虫眼鏡の力を借りなければならなかったが、そんなことをするまでもなく言えることは、いくつもあった。まず、先ほど述べた字の書きようだが、それはまったく投げやりに書いたとしか思えないものだった。大きさは不揃い、教室でノートをとるような字ではない。字のうまいまずいというより、書き散らしただらしない字――成績が中以下の生徒に見られる筆跡なのである。事実、数枚の原稿罫紙の中に、誤字が非常に多かった。具体的にあげると、御用邸の「あずまや」だろうか、「嚶鳴亭《おうめいてい》」というのが出て来るのだが、これが「嚶鳴停」となっており、「儀式」は「義式」となっていた。昭和天皇には亭と停の区別、義と儀の区別が出来なかったのだろうか。「一月寒中寒期きびしく」は「一月寒中寒気きびしく」でなければならない。「旧歴」はもちろん「旧暦」だ。続いて言うと、「気候」が「気侯」となっている。

以上は普通よくある間違いだが、それに混じって、大した間違いではないけれども気になる、というものも色々あった。二・二六事件を「二二六事けん」と書く。これはどうかと思われる。普通の教育を受けた人間なら「事けん」などという書き方はしない。この書き方――子供が書いたとも思えるこの書き方が、「珍づしき」と書くことに繋がっているのだろう。「珍しき」にどうして「づ」を入れたのか。彼には、語幹と語尾ということが分かっていないのか。昭和天皇は書くという作業で、自然に知的な心構えになることなんかなく、注意を払うこともなく、頭も締まらないままペンを走らせていたのだろう。「昨末明」を最初、「作末明」と書いて訂正していたり、「散歩」の「散」の字の「つくり」に、縦棒を引いた跡があったりするのは、その現れだ。彼の「寒期」の「期」の字は、偏の「其」の横棒が二本はみ出ているが、これは筆の勢いというより同じ長さ出ているから、はみ出して書くのが、習慣になっていたものと思われる。他方、「飛行」の「飛」の字二個。一つには点が二つ足りず、その傍のもう一つの「飛」は、別の罫紙に半ば隠されているのではっきりとは分からないが、これにはどうやら点の数は正しく四つあるようなものの、こっちの「飛」の「升」の箇所には縦棒二本だけが強く書かれているから、まるでこの字を消したようになっている。要する昭和天皇にとっては、字なんか書けば良いので、それ以上はどうでもいいのだろう。字は、意志を正確に伝えるのに大切な手段であるのだが。

そして昭和天皇にとって決定的なのは、原稿にはニセの字が書かれていたことである。「ああ悲し」の「悲」は、非に心だが、昭和天皇の原稿には非に「しんにゅう」が書いてある。私はこんな好い加減な字を書く人を見たことがないが、こういう種類の誤字は他にもまだあった。心覚えのメモとして、昭和天皇は多分「世界の大勢をよむこと」と書いたつもりだっただろうが、「勢」のところには、「勢」の右側の「丸」を取って下の「力」を持って来た珍字が書いてある。

昭和天皇にこれだけ誤字珍字が多いというのはどういう事か。彼の国語の学力が標準以下であるのは間違いないが、それだけの問題だろうか。人は学習で、通常間違いを正しながら徐々に覚えていくのだが、彼にはその根気が足りないということだろうか。あるいは覚える力が弱くて、直ぐ忘れるということか。しかしそれでも人は何とか覚えて、あれほどの間違いを出さないのが普通だから、昭和天皇には間違いが全く気にならないのであろう。とするとこれは困る。それは性格の問題であって、それがよろず物事の処理に現れて来るからだ。

昭和天皇の真筆から見えて来る昭和天皇の性格は残念ながら良くない。「投げやり」と「ごまかし」である。天皇はあれだけ沢山の誤字を作る。それが余りにも多く、度々出て来るから、天皇が誤字というものに気が付かないはずはない。しかし彼はそれを直そうとしない。放りっ放しにしておく。投げやりなのである。その上、天皇は余り世間に例のないような珍字を書く。気分に応じてそれを書いて済ましているらしい。ごまかしているのである。天皇は最晩年になっても「悲しい」と書こうとして、「悲」の字を「非」まで書きかけて、「非」の字の下に「心」があったのを思い出せず、何となく形の似た「しんにゅう」を書いてごまかす。普通なら直ぐ字引を引くところ、天皇はその何でもない労を惜しむのである。天皇の教育係など、注意しなかったのだろうか。しかしそれが本当に困る事になるのは、これが天皇のことだからである。天皇のこの性格が政治に現れ、日本の運命に関わって来るのである。

アラヒトガミは、誤字珍字を書く普通の人

こうして昭和天皇の真筆原稿は、昭和天皇のベールを剥がすものになった。昔、学校に奉安殿というのがあって天皇皇后の写真が収められていた。その写真は御真影と言い、祝祭日式典には学校長が式服で奉安殿から取り出し、講堂の壇上に掲げる。と言っても写真がただ置かれていたのではなく、写真は幕で覆われていて、生徒が全員最敬礼をしている間に校長が幕を開ける。生徒はどんなふうにして「天皇皇后両陛下の御真影」が現れたのか分からないが、それこそ

が現人神《アラヒトガミ》だったのである。しかし今初めて分かった。アラヒトガミは、誤字珍字を書く普通の人だったのだ。もちろん戦後、アラヒトガミなどという言葉は消えて、私自身も忘れていたが、これほど、天皇がどこにでもいる普通の人だとは思わなかったから、アラヒトガミを思い出して感慨一入《ひとしお》だったのである。そしてまた昭和の歴史を振り返らざるを得なかった。

昭和天皇が普通の人の能力を持って天皇となったことは、もちろん昭和天皇の責任ではない。しかし、天皇の地位の重大さを自覚しないで、普通の人として、天皇の役目を果たさずに、君臨することだけを使命として過ごしていたなら、これは実は大変な問題なのである。

昭和天皇には一つだけ回想録がある。それは昭和天皇没後の一九九〇年（平成二年）に発見され、発表された『昭和天皇独白録』だが、発表当時、私は次の一文を読んで非常に違和感を覚えたのを記憶している。

「昭和十六年（一九四一年）十二月一日に、閣僚と統帥部との合同の御前会議が開かれ、戦争に決定した。その時は反対しても無駄だと思ったから、一言も言わなかった」

これは書かれている通り、前大戦に入るか否かを決める国家最高の重要会議のことで、そこでの天皇の賛否が国の運命を定め、歴史を決定する。これに天皇ただ一人が決定権を持っていたのである。当時の日本、大日本帝国は、天皇によって統治され、天皇の意向がすべてを決めた。「大日本帝国は万世一系の天皇これを統治し」であり、宣戦布告も終戦も天皇が決める。憲法には「天皇は戦いを宣し和を議す」との条文がある。もちろん実際の問題処理を行うのは大臣で、責任をとるのも大臣である。大臣の責任条項として、大日本帝国憲法には「国務各大臣は天皇を輔弼《ほひつ》（註、補佐）しその責に任ず（註、責任をとる）」があり、重要書類は「国務大臣の副署を要す」である。しかし大臣が署名してもそれは一過程に過ぎないのであって、天皇が承認しなければ、戦争も絶対始められない。これが根本原則なのである。

そういう天皇が、国の運命を問う問題で「無駄だと思ったから、一言も言わなかった」のだから、昭和の歴史に昭和天皇の人間自身がいかに重大な影響をもたらしたことか、それは明らかであろう。そして今回の昭和天皇の真筆というのは、この問題の重さを分からせるものとなったと思う。ただ話題にしたり、目くじらを立てているだけでは済まされない問題なのだ。こうして私は、年号の変わる平成三十一年（二〇一九年）に、日本史における昭和天皇の役割を、天皇の資質の面を含んで改めて考えてみる気になったのである。

昭和天皇に真正面から向き合わない識者

天皇真筆の問題それ自身に戻ってみると——世の識者は私の考えたような事はちっとも思わないらしく、私との違いが浮び上がって来る。今回の記事には、昭和天皇の歌を研究する所功・京都産業大学名誉教授、ノンフィクション作家・保阪正康氏、作家・半藤一利氏の三氏がコメントを寄せたが、皆、批判的な事は言わないように気を配りながら、天皇をいたわるように遠慮気味に語っていた。所氏は、昭和天皇の「国民の祝ひをうけてうれしきもふりかえりみればはづかしきかな」を取り上げて、「胸に迫る」と次のように言う。

「在位六十年の『はづかしき』という一首からは、自らの役割を自問自答しておられることが推察される。立憲君主として自らの言動を律した昭和天皇は、戦後、その抑制的な態度が『戦争を止められなかった』と批判されることになる。還暦、古稀の歌と合わせて考えると、国民のために務めを果たせてきたのか、生涯にわたり深い内省の中にあったことが伝わってきて胸に迫る」

保阪氏は、昭和天皇の「一月寒中寒期《ママ》きびしく、立春なれど寒さきびしく雪をみて二二六事けんを思ふ」を取り上げた。

「昭和天皇にとって二・二六事件は先の大戦の次に心を痛めた出来事で、戦争を機にゴルフを止めたことは知られているが、スキーにその気持が及んでいたなら、日常の風景にまでつらい思いが入り込んでいたのだと思う」

保阪氏は当たり障り無いことを取り上げて昭和天皇に対するいたわりの気持を表現したのだが、念のために言うと、年配の人間の多くは、昭和天皇在位の期間中ぐらいの間は、二月に大雪が降ると必ず二・二六事件を口にしていたと言っていい。そのくらい二月の大雪と二・二六事件とは、昭和天皇だけでなく、昭和初期を生きた多くの人の心の中で結びついていたのである。

半藤一利氏も、所氏が引用したのと同じ歌について語った。戦時中に勤労動員で働かされたという半藤氏は、「昭和天皇には大元帥陛下としての戦争責任があると考えていた」のに、昭和天皇在位六十年式典で、「昭和天皇のほおを涙がつたい、先の戦争による犠牲を思うとき『なお胸が痛み、改めて平和の尊さを痛感します』と語った」ことなどを合わせて考えると、「昭和天皇が晩年まで抱えていた尽きせぬ悲しみが伝わる」と語る。

しかしその後の半藤氏の語る口調は一転して、昭和天皇に対して批判の色を帯びたものになっている。

「注目したのは日米安保条約改定を実現した岸信介首相（当時）の死去に際し詠んだ歌だ。『その上にきみのいひたることばこそおもひふかけれのこしてきえしは』

天皇自身の注釈として『言葉は声なき声のことなり』とある。安保改定が国論を二分し、国会がデモ隊に包囲される状況の中で岸首相が語った『いま屈したら日本は非常な危機に陥る。私は〝声なき声〟にも耳を傾けなければならぬ』を思い起こさせる。デモ参加者の声ばかりが国民の声ではない、という意味だ。昭和天皇が記した〝声なき声〟という注釈と歌を合わせると、昭和天皇は、岸首相の考えを『おもひふかけれ』と評価し、深く思いを寄せていたのかと複雑な気持にとらわれる」

半藤氏はさらに言う。

「昭和天皇は近代の天皇の中で唯一、少年時代から軍人として育てられ、十一歳で陸海軍少尉となった。……終戦後には、米軍による沖縄の占領を長時間継続するよう、側近を通じて米側に伝えていたことも明らかになっており、側近にも日本は軍備を持っても大丈夫だとの考えを漏らしていた。あるいは日本の集団的自衛を定めた安保改定に賛成の気持をもっておられたのだろうか。それをうかがわせるような直筆の言葉が残されていることに心から驚いている。生涯、大元帥としての自分がなかなかぬけなかったのか」

これは、内容としては昭和天皇批判である。しかしそれを「複雑な気持にとらわれる」とか、昭和天皇が「大元帥としての自分がなかなかぬけなかった」とか、遠慮気味にしか言うことができない。人は昭和天皇を語るとき、まだ遠慮気味にしか語らないのである。ということは、世は学問的に昭和史を語る事が、まだ出来ていないということではないか。戦争の反省が本当には出来ていないということではないか。あの戦争にどうして入り、どうして抜け出せなかったかが、本当には分かっていないのではないかと私は思う。

私は、昭和天皇在位六十年式典での天皇の頬をつたった涙と、昭和天皇が、〝声なき声〟にも耳を傾けなければならぬとする岸信介を称えることとは矛盾すると思う。涙が戦没者に対するものなら、天皇は自らの宣戦布告を心の底から深く後悔しているはずである。戦没者に申し訳ないと思っているはずである。一方岸信介の「〝声なき声〟に耳を傾ける」とは、彼の生涯に亘って持ち続けた信念を語るものであろう。その信念をもって彼は東条内閣の国務大臣として宣戦布告の詔書に署名をした。最後に天皇が署名をして宣戦布告となったのだから、岸は天皇を戦争へと導いたのである。つまり岸信介は、天皇を後悔させた不忠の大臣だったということではないか。となると、天皇の涙とは一体何だったのか。この二つは矛盾するではないか。わが国の昭和史は、こういう矛盾をそのままにして成り立っている。これは大きな困った問題である。ではこういう状態をどう変えていけばいいのか。

所氏、保阪氏、半藤氏のように語る人は非常に多いに違いない。そもそも天皇統治の時代は皆そうだった。天皇をひたすら崇め奉る。こうして戦争に入り、こうして国を滅ぼした。われわれは、そういう経験を経たにもかかわらず、昭和天皇真筆の問題でも分かるように、今も国の空気は、本質的には昔のままである。

ある意味では所氏と半藤氏とでは昭和天皇を一見全く逆のように捉えているところがある。所氏は根拠を挙げずに昭和天皇を「抑制的」とし、半藤氏は根拠を挙げて昭和天皇を「生涯、大元帥としての自分がなかなかぬけなかった」とする。しかしながら、昭和天皇が「国民のために務めを果たせてきたのか、生涯にわたり深い内省の中にあったことが伝わってきて胸に迫る」と言う所氏と、「昭和天皇が晩年まで抱えていた尽きせぬ悲しみが伝わる」と言う半藤氏とは結局同じで、天皇としての昭和天皇に真正面から向き合わないのである。正面から向き合っていたら、昭和天皇の字を問題にせざるを得なかったのに、それを語る人は三人の中、一人もいなかった。昭和天皇は統治の天皇だったのだからこそ、彼の資質を論ずることは絶対避けていられない問題なのである。昭和天皇の真筆の問題は片々たる和歌の問題ではなかったのだ。

道理で動いた父に学ぶ

以上、私の考える事と三氏の考える事との違い、それがなぜ出て来ているのか。私にはその理由は分かっている。それは、もう半世紀近くも前に死んだ父に、私が影響を受けたからである。彼は若い頃から「国家は中心より滅ぶ」と言って、誰も手をつけなかった天皇の教育の事を考え続けて実際に行動したから、彼にとっては、天皇が「雲の上の存在」ではなかった。もちろん父は昭和天皇の真筆のことなど知らなかったし、政治の裏を知ろうともしなかったから、全くの新聞知識ぐらいで動いたのだが、「国家は中心より滅ぶ」の信念には揺るぎなく、彼はその信念で道理通りに動いた。すると父には、所氏や半藤氏の持つような忖度は出て来なかったのである。ところでその天皇の下、歴史はどう動いたかと言えば、日本は戦争で大敗して国が滅びるところまで行ったのだから、父の心配した通りのことが起ったのである。私はそういうことを間近に見たから、何時の間にか自分の生き方として、また主義として、道理を尊ぶのを当然とする人間になったのであろう。

戦後になって私も、隠されていた戦争の内情のことなどを色々知るようになって、私は更に道理の尊重に立つ人間になった。戦争開始に際して陸軍も海軍も戦争をやりたくなかったとも知った。山本五十六が、この戦争は最初は勝っても、続くうちには段々形勢が不利になっていくと話していた事も知った。それならなぜ山本五十六は戦争をする側になったのか。彼が本当に誠実なら、彼は道理に従わなければならなかったのである。こうして今、私は道理を無視する人を許すことができないようになっている。

昭和天皇の真筆に触発されて、私は昭和の歴史をここでもう一度見直してみたくなった。そうして一貫して一つの立場に立って——道理の立場に立って——考えてみたくなった。もちろん素人の私が、そんなことをきちんとやれるはずはない。しかし私の目から見て専門家の歴史書には穴があるのだ。ありきたりのことしか言わない。となると矢張り私は自分流にやらなければならない。私は専門家の知らないことを知っている積りでいる。それは昭和の歴史に直接関係することである。専門家は認めないだろうが、それは歴史を変えたかも知れないことである。そして、それで戦争にならなかったかもしれないと私は思う。

私は今、明らかに衰えたと自覚する己の今の能力を持ってしても、人の言わないことを——誰も知らないことを——語らざるを得ないと思う。私は、昭和天皇の問題を過去のものとして単なる昔話にしてはおけないと思う。単に昭和を懐かしんだり、「今日の繁栄は過去の苦難の上にある」とか言って済ましてはいられない問題だと痛切に思う。こうして私は一年余り、同じ立場で振り返って考えてみることになったのである。

第二章　父の「国家は中心より滅ぶ」

秋山真之に憧れて海軍兵学校に入った父

以下私は先ず、私の現在の考えの起点となった父のことを語らねばならない。

私の父、岡井藤志郎《とうしろう》は、四国の松山近郊の農家に一八九五年（明治二十八年）に生まれた。十九世紀末、日清戦争が終った年である。晩年、彼は子供のときの話を一つだけしたが、この話で彼は自分を語ることになった。

「私が十三の年に、海南新聞に『真田と大阪城』という講談が出とった。それを読んでみると、真田幸村は、秀頼公を奉じて瀬戸の唐橋まで出陣して、東軍を迎え撃つ積りだったらしい。そうしておれば豊臣恩顧の大名も段々駆けつけて来るし、幸村は、家康の向うを張って戦争をやれる人だったから、家康は危なかったかも知れぬ。危なかっただろう、瀬戸の大橋まで出られたら。家康にはその後、政略を用いられて和睦にし、外濠を全部つぶしてしまったが、幸村はなぜ、戦術を妨げた淀君を始末しなかったか。真田幸村の家来もなぜ、じっとしとったかと。そんな事は講談に一字も書いていない。書いていないけれども、それからずっと私の疑問だった」

中学を出て父が選んだ学校は、海軍兵学校だった。これは『坂の上の雲』の秋山真之への尊敬からだったに違いない。秋山は、連合艦隊の参謀として日本海海戦を大勝利に導いた男である。

当時の日本を考えると、この勝利がいかに大きいものだったか、また、その勝利をもたらした人物を郷土に持つのが、いかに誇らしかったかは、容易に想像できる。父は、経世の志をもって秋山の後を追おうとしたのである。

しかし、その志で海兵生徒となった父にとって、海軍兵学校が愉快なところでなかったのも容易に想像できる。父は理系の人間ではない。海軍軍人の職場が軍艦であることからして、兵学校も、軍艦操縦技術の海軍機関学校とまったく性格の違う学校ではあり得なかったからである。

海軍兵学校のときのクラス全体で撮った写真では、父はスマートな海軍士官の卵というにはほど遠く陰気である。入学後どの位経って父は己の違和感に気付き始めたのであろうか。一年半たって、彼が手紙で教えを乞うた先は、やはり秋山真之だった。秋山はこのとき四十八歳。海軍少将、海軍軍務局長である。

父は秋山真之に貰った手紙のことを晩年こう語った。

「秋山さんから貰った手紙は、こんなにこうあるけどねえ。今から読んでみると、恥かしうてよう読まん。というのは煩悶を解いてくれなかったから。ハハハ。海軍から真に世を治める者が一人も出なかった。それで海軍は単なる船乗りみたような気がして、それの煩悶じゃからのう。そんな事で煩悶した者は私以外には無かろう。それがまた本当の煩悶だから、それは解いてくれなかった。それはまあ、気違いみたいなものだから。

秋山さんはあれから三年生きておいでたから、会うとったらと思うねえ。秋山さんは、あれだけ偉かったが、晩年、考えが局所的になっていって死んだ。もっと国家に貢献して貰わんならん人が死んだ。

秋山さんというのは全体を見ることの出来る人だったね。だから生きておったら、山本五十六元帥なんかのようには、やらなかっただろう。山本五十六元帥は循吏《じゅんり》（註、規則をよく守って熱心に勤める官吏）の人だった。海軍には多いんだよ、循吏というのは。官吏としては模範的な人だった。ま、それ以上ではなかった。惜しむべしじゃね。御前会議で負けると分かっとる戦争を止めさせるとか、それが出来ん人じゃった。陛下を叱咤激励するとか、直ちに魂をゆさぶって肺肝に迫るとか、それだけの気概がない人だった」

父が死んでから、鍵のかかっている机の引き出しを開けると、なるほど秋山真之の手紙がしまってあった。表書きは「江田島海軍兵学校第十一分隊　岡井藤志郎殿」、裏は「海軍省　秋山真之」とだけ書いてある。「参銭」切手のスタンプから、日付が大正四年（一九一五年）三月九日と読み取ることができる。そして巻紙には、気力溢れる達筆の文字が流れるように書いてあった。

「拝復　江田島に御勉学のこの頃、黒白定めなき自己の将来を取り越し苦労して、かれこれと御煩悶の様子なれども、さようの無用の思慮に貴重の時間を消費さるるよりは、せいぜい自己現在の境遇をわきまえ、今明日のことに寸毫の欠陥なきよう、一途御勉強なされたく、千里の路も一歩より始まるものにて、いまだ立つことも歩くことも出来ぬものが、千里の先のことを考えたとて、何の用にも立とうや。ただ現在は時計の秒針のごとく、積り積りて不動なる未来を形作るものなれば、現在の用心が最も肝要に御座候。なおまた自己の薄志弱行を御自嘆の様子なれども、人は自己に問い、自己に答え、自力によりて発達するものにて、他人の訓戒などにて陶冶さるるものには御座無く候。自分は自分で啓発するほか、ほかに途なきものに御座候。右御返事とす。
以上

三月九日　　　　　　　　　　秋山真之

岡井君」

海軍省軍務局長秋山真之はこのとき、まことに頭脳明晰、論理整然であった。瑣末事ともいうべき、未見の若者への返書など、一気呵成に書き上げたであろう。しかしこの手紙が父を救うものとはならなかった。

国家は中心から滅びる

父は兵学校を退学して旧制高校の一高に入学した。そしてそこで一人の友人を得た。佐野茂樹氏。その後、父は東大法学部に在学中、同じく法学部に進んだ佐野氏からある人物を紹介され、それが父の生涯を決定することになった。それは一橋大学、当時は東京商大の剣道部師範、真心影流第十五代、山田次朗吉である。山田はこのとき五十八歳。

「真の人物は当代一人もないという気位で、肝胆相照の仲であった佐野の言だから、謹んでお目にかかり」という父は、一ッ橋道場の千本稽古にまず驚いた。父は直ちに山田の門に入るのだが、それを後にこう書いている。

「夏日、立ちきりの千本稽古。午前九時頃から午後三時頃まで立ち尽くしで相弟子にかかって来て貰う。三百本位になると手は頭から上にはあがらなくなるが、向うは遠慮会釈のない若者だから命が危ない。ここで気というもの、心というものがありありと見える。それからが本物の剣であるとおっしゃった。稽古中にぶっ倒れ、千金丹、万金丹をかがされて、目が覚めたことが幾度あったか知れぬ、ともおっしゃった。古今の名人にはあることだろうが、死を賭して絶後に生きるような類のことを日課にする人は、古今未曾有であろう。大抵、名人も三十以後は栄達の人となるが、先生のは終世で、死生は念頭にないのだから、見ていて危険極まる」

勝負としての剣道に、それほど関心がなかった父も、山田が編み出した「法定四本」は教わった。これは剣道の型で、木剣で行う。また、赤樫五尺八寸五分の振り棒をあつらえて、毎日振ることも練習した。いま、私の手元に一枚の古ぼけた写真がある。何かの記念写真らしいのだが、五十人ほどの大学生のうち、冬だというのに、父一人が外套を着ていない。親から外套用に送って貰った金が、樫棒三貫目に化けてしまったのである。こうして父はせっせと山田のもとに通ったと見える。そして樫棒を振ることに熱中した。振り過ぎて気絶したこともあったというが、それはまさに山田の歩いた道だった。武術では技と同時に精神が鍛えられる。剣道とは精神修養である。意志を鍛えるのである。これこそ父が志し、人にも勧めた理由であるが、山田は著作でそれを次のように語っている。

「剣道は治世乱世を分けて用をなすようでは価値がない。剣道は精神を尊ぶこと、今さら弁を要しないが、学んで浮世を捨て塵を厭《いと》うという如きは、その本義に反している。かつて勝海舟先生が在世中、我らに教えて言う。『維新の際、あれだけの事をやったのは、少しばかり剣術をやったお陰さ。お前たちも精出して修行するが良い。剣術をやると万般に決断が付くよ』と。勝先生にして初めて剣道の応用あり。幕府の衰滅に際して、江戸の焦熱たるを免れさせたのみならず、今日の首都に至らせる偉業を成し遂げたのだが、これはその人を待って、用の大なるを知るわけで、所詮《しょせん》引例には過ぎている。しかし剣道の善用も極に達すればこのようになる。活用して意義あるものとしなければ、まったくもって、無用論に帰着してしまうのである」

父は大学を出て判事になってから、山田次朗吉にさらに打ち込んだ。そして師の語録を「水心社清話」として筆で清書してまとめている。そこには修養の言葉と並んで、師の思想が語られている。

「修養にはまず身体を破るを要す。破らざれば真のこと分かるはずなし。破りて己の力にてこれを復するゆえに効あり」

「忙しいから修養ができぬとは馬鹿なことである。本を読みながらも、事務をとりながら、飯を食いながらでも出来る。動中静、忙中閑とはこのことだ。凡人は忙殺されてしまうからいかぬ。

閑な人間には何もできぬのである」

「田中義一首相には山崎代議士が是非会えというので会った。狸である。また精神上のことなどは、とんと分からぬ。こちらが問いを発して試してみると、誠に困った分からん顔をするのである」

「日本のような貧乏国が陸海軍でも何でも、数で行こうなどというのが間違っておる。陸海軍などというものは、犬猫のかみ合い同然で、情けないものである。外交にしても、正なり義なりというところを失っておるから、支那にしても情けない現状である」

「日本は今や八方ふさがりである。支那でも然り。油断がならぬように思われている。正なり義なりというところがないから、馬鹿にせられるのである」

父が山田次朗吉の人と思想に傾倒してから、実はずっと考えていたことがあった。それは、山田を宮中に入れて天皇の師の位置につけようということである。そして天皇の精神を鍛える。そうしないと国が滅びる。国家は中心より滅ぶ。父が「国家は中心より滅ぶ」と考え出したのは一体、いつ頃だったのか。

「国家は中心から滅びる、下層階級からは絶対に滅びない」

十三のとき、豊家興亡のことをしきりに考えていた少年は、成人すると、国家を己の倫理体系の最上位に置くようになっていた。国の将来は最終的には帝王が決定するところ。国の盛運は帝王による。人間帝王による。帝王を精神的にも肉体的にも鍛えて、誤り無からしめなければならない。こうして帝王学が父の根本問題になったのである。

当時の皇室の状態も父に影響を及ぼしたに違いない。父の青年期は大正時代だが、大正天皇は病弱で言語障害や記憶障害が公にされたほどだったから、その分、なおさら昭和天皇への期待となって行ったのであろう。

東宮御学問所が開設されたのは大正三年（一九一四年）から大正十二年（一九二三年）まで。東郷平八郎が総裁であり、杉浦重剛が主として帝王学を摂政宮（後の昭和天皇）に講義していたが、父にはこれが気に食わなかった。杉浦、東郷は帝王の威厳だけを教える人だからと言う。

御学問所御用係・杉浦重剛が東宮にいかなる講義をしたのか、それは私は知らない。しかし推測するだけなら、次に掲げる彼の著作の一節を見れば十分である。

「わが皇祖皇宗は、この国において一番古くから勢力を貯えられたものであって、それがすなわち神ということに崇められて、その後に引き続いて今日まで連綿としている。だから勢力保存の法則の道理から考えてみて、どうしても日本では一番強い勢力のものである、ということを考えなければならぬし、また広くこれを世界に考えてみても、これくらい長く続いて勢力を保存しているものは、外に無いという事であってみれば、この日本というものはどうしても万国に冠絶するということは空論じゃない。物理化学の定則から割り出してみても、それ以上の勢力を保存するものが外にない以上は、これが第一等と信じてよろしかろうという考えを決めている。そこでこれから先、尚々この勢力を貯えて行くことにしたならば、この勢力が益々世界に対して拡がって行くことであろう」

父は「孩子陥井」という言葉をよく使った。ガイシカンセイ。みどり子が井戸に落ちようとする。誰が放っておけようか。国家が危機に陥ろうとする。責任のある人間はすべて、国家をわが身のように考えるべきで、これは当然ではないか。これが彼の考えである。そして責任のある人々の中で最も大切な位置にあるのは、もちろん中心にいる天皇である。「礼儀三百、威儀三千、何の価値がありましょうや」と父は言う。

こうして国の中心の天皇には、ものが見えていなければいけない。しかし鞠躬如《きくきゅうじょ》（註、身体を毬のようにこごめて、ひたすら敬意を表す姿）ばかりの臣下に囲まれて、果して見えるか。父のいう帝王学は君主を鍛えることであり、ここで山田次朗吉が登場する。

山田次朗吉を宮中に入れる意図について、父は晩年「天皇陛下と山田次朗吉」という小文を書いて、その中で次のように語っている。

「先生が陛下の心肝、陛下そのものを明君にする。陛下御自身の地位が御見えになられる。ものの神髄の会得である。会社の社長の地位の自覚、これは大会社といえども目に見える個体であるから容易であるが、国家という大なるがゆえに、従ってまた無形なものにあっては、憲法の条章に従うの他ない。それだけで足りるとお思いになる。重臣も評論家もことごとく法律や形式だけの、ともがらである。西郷南州、坂本竜馬、勝海舟なら分かろうが、さような人物は、朝野見渡すところ絶無である。先生を帝王の師に奉る者、われを置いて誰ぞや。おこがましくも獅子独往の気を起こした」

また、昭和四十七年（一九七二年）、七十七歳のとき、父はこう言っている。

「その時は第二次大戦のことは予想しなかったが、何となく中心から滅びそうな空気だった。その時も聞いとった。陛下を賢明にしたら、我々が困りますと大っぴらに言うんだ。宮内省の役人は。恐ろしい社会だ、宮中というところは。私が裁判所に入りたて、浦和におったが、県庁に岡本という事務官がおった。その人がテニスのお相手をするために侍従になった。それを聞いて、ほほう、これは困ったものだ。テニスもよかろうが、そのために侍従にするというのでは陛下がどこに重きを置いておられるのかね。これは困ったものだと非常に憤慨したんだ。まあ、これは子供の時からの性癖だね」

私は半世紀近く前にこの話を父から聞いた時、父がこういうのを聞き流していたが、昭和天皇の真筆を知ると、この話がにわかに真実味を帯びて来た。そう言えば侍従がテニスの腕前で選ばれるのは異常だ。天皇はまさに宮内省の役人の思うように動いていたのであろうし、それを宮内省の役人は得々として見ていたのであろう。

剣道師範・山田次朗吉を天皇の師に

昭和天皇が即位してまだ一年も経たない昭和二年（一九二七年）に父はまず、山田次朗吉を天皇の師に推挙する書簡を元老・西園寺公望《さいおんじきんもち》に送った。もちろん反応は無かった。

「巻紙一間に余る長い手紙を書いた。興津の坐魚荘《ざぎょうそう》（註、西園寺の住居）に蔵があったら、今でも残っとるだろうが」と父は言ったが、こういうところ、父は甘い。西園寺の主義からいって、父のタイプの意見に耳を傾けるはずがなかった。それに、西園寺が天皇に「君臨すれども統治せず」を教えた有名な出来事が起こったのは、ちょうどこの頃である。

日本陸軍の満州に駐在する関東軍は、この少し前ごろから満州で不穏な動きを企てていた。当時、清国が滅びて中華民国となった辛亥《しんがい》革命後十年余りというのに、中国は中央政府に統一されず、満州の地は張作霖《ちょうさくりん》の支配するところとなっていて、これに乗じて日本は満州で勢力の拡大を謀っていたのである。この思いは政府も軍も同じだったが、政府が張作霖をうまく取り込もうと考えていたのに対して、関東軍は張作霖を引きずり下ろそうとした。結局、田中首相が外交上の理由をもって軍を制したのだが、その陰で、関東軍高級参謀・河本大作大佐は独断をもって一つの謀略を謀り、それを実行に移して関東軍の思い通りの状況を作ろうとしたのである。

昭和三年（一九二八年）六月、河本大作は張作霖を列車爆破で殺害した。それを河本は中国内戦でのスパイの仕業のように巧く工作した積りだったが、直ぐにボロが出た。殺害するはずだったスパイは逃げて秘密をバラし、中国側の調査でも爆薬が関東軍のものだと判明したのである。

これを調べた首相田中義一は、世間には真相を隠したが、天皇には河本を軍法会議にかける旨、上奏している。しかし実際に行われた処分は、河本を行政処分の退役にしたのみであった。田中がこの結果を上奏したのは、張作霖爆殺の一年後だったが、天皇は前の報告を覚えていた。そして田中の違約を責め、田中から話を再び聞く気はない、とまで言い、そのため田中は辞表を提出した。すると西園寺はこの天皇の振舞いを非常に遺憾として、きつく天皇を諫めたのである。

このとき天皇にとって、満州でのこの出来事は即位後最初の大きな事件だったたから、若き天皇として不正を見逃すことが出来ず、率直に振舞ったのだろうが、西園寺はこれを「立憲君主」からはみ出た行為、「専制君主」の行為であるとして諫めたのである。ここに西園寺の人物が現れている。西園寺が教えたのは俗な処世術だった。彼は、天皇が大過なく崇められるためには、天皇が政治に口を出さずにいるのが一番良いとして、それに適した英国王室の「君臨すれども統治せず」を説いたのである。しかしこの諫言で問題になった天皇の振舞いというのは、君臨か統治かと構えるほどのものではなかった。天皇は、ただ不正処罰の約束違反を怒っただけであり、道理を言っただけである。そもそも不正を黙認するとすれば、それこそ君主としての品位が問われる。だから天皇は少しも西園寺の意見を聞く必要はなかった。というより西園寺の主張に屈する必要はなかったのである。このとき天皇はもう二十八歳。学生なら大学院博士課程を終えるほどの年齢で立派な一人前である。にもかかわらず天皇は正しいと思う事を貫けなかった。

ここに彼の、文字を好い加減に書くあの性格が現れた。それは父の言葉では恐らく「国家は中心より滅ぶ」の最初の萌芽だろうが、こうして以後、日本の歴史はこの予言通りに進むことになった。西園寺進言の後、天皇は政治的決定にかかわるような言動には細心すぎるほどに注意を払うことになり、無責任の体系が進行して行く。この西園寺の進言はそれほど影響が大きかったのだが、それについて最近の史家の中に「なるべく盲判を押すようにしなさい、と天皇に勧めたということです」と語る人がいた。なるほど、これはうまくまとめている。

西園寺流の「立憲君主」がいかにわが国の現実とかけ離れたものであるか。総理大臣経験者がそれを指摘する。終戦後、戦犯容疑で服毒自殺した近衛文磨が次のように書き残した。

「日本憲法というものは天皇親政の建前であって、英国の憲法とは根本において相違があるのである。ことに統帥権の問題は、政府には全然発言権なく、政府と統帥部との両方を抑えうるものは、陛下ただ御一人である。しかるに陛下が消極的であらせられる事は、平時には結構であるが、和戦いずれかというが如き、国家生死の関頭に立った場合には障碍が起こり得る場合なしとしない。英国流に、陛下がただ激励とか注意を与えられるとかいうだけでは、軍事と政治外交とが協力一致して進み得ないことを、今度の日米交渉において特に痛感したのである」

これはよく問題になる天皇の統帥権を取り上げたものだが、それが出て来ること自体、天皇が制度上政治と密接な関係にあって、とても「君臨すれども統治せず」などと言っていられないことを示しているのである。

父は西園寺に働きかけた翌年の夏、今度は宮内大臣一木喜徳郎にねらいをつけて面会を求めている。しかし父は「反応も何も無かった」という。一木の屋敷では、一木に会うことも出来ず追い返され、翌日の宮内省では十分だけということで面接が許されたけれども、一木が一方的に官職の上下を盾に怒りをぶっつける以外、国の問題を語ることなどには全く立ち入りが許されず、追い出されたのである。

父が最後に頼りにしたのは、侍従長鈴木貫太郎である。昭和四年（一九二九年）の夏、彼はまた上京した。このとき広島地裁判事だったが、ふいと「明日東京行く」と言い出して発ったのである。父の話はテープにとってある。

「昭和四年の夏だった。絽の袴をはいて、侍従長官舎に乗り込んで行った。靖国神社のところのお濠端が曲がるところがあるだろう。あそこに宏大な侍従長官舎があった。この人は度量広闊、礼儀正しい。というのは私のような若僧が行っても、矢絣の夏の浴衣の上に、袴をはいて自分の家で会うんだよ。今はそんな事をする人はないだろう。度量広闊、怒らんねえ。ちゃんと話を聞いてくれた。これは敬服するけれども、識見という点では、どうかと思ったねえ。それはちゃんと聞いてくれたよ。私はそういう所へ行くと、真剣勝負だから、どうでもいいような事なんか何も言わないんだ。というのは帰ってから後では、もうまた会えないだろう、ああいう偉い人には。そこで宿へ帰って後に言い残しがあっては、地団駄ふんで悔しがるだろう。それを会見中からもう恐れたんだね。そして一時間十分、国の興亡史談を論じた。当時の日本は皇室中心の国だから、中心から滅びる。下層階級からは絶対に滅びない。それで陛下を明君にしなければいかんと。明君にするには、杉浦重剛さんなんかが講義するのではいかんのであって、それより帝王学が骨髄にならなければいかん。ノートを拡げて見たりするのではダメであって、こう、身体から教え込まなければいかん。精神の問題だ。芯から国家を担うとする信条、精神、それが剣の修行を重ねる事によって鍛えられて自然と身に着いて本物になる。

私が山田先生の人物をお話すると、鈴木さんのおっしゃった事はただ一つ。『それだけの修業がお出来になったことを伺っただけで、すでに山田先生は偉人です』

私は鈴木貫太郎さんに、日本は中心から滅びる、の議論をひっさげて行って、その前にも大分、長いものを毛筆巻紙で送った。そして、これでも落ちがあってはいかんと思うて『明日は、御予定は』と聞いてみたんだね。何なら今、御約束しとかんといかん、と思うてね。そしたら『明日は、私は葉山の御用邸の当番です』とおっしゃってねえ。ほほう、この人は御用邸の当番も良いけれども、何も侍従長がわざわざ、当番に葉山に行かなくても良さそうなものだ。その時の音の響きで異様に感じた。何も『それがどうしたか』と人様はおっしゃるだろうが、私の感じでは、その一言で、ほほう、困ったねえ、と思った。まあ、私は一時間十分の話をしたのだから、よく言えば『私の方から聞きたい事がある。宿は何処ですか』くらい聞くかと思ったら『御用邸です』。

この人は普通の官吏の気位しか持っておいでにならん、という感じだね。侍従長の官制に書いてあるだけの規則に従うたらよろしい。それだけの人かなあ、と思うたらガッカリした。今でもガッカリしとる。この点はもし、これが成功しとったら、と思うねえ。成功しとって、山田先生が宮中に乗り込んだら、宮中の風が変ってくるんだね。そうしたら日本は変わっとったよ。これは断言してもよろしい。必ず変わっとった」

父が国家を論じても、鈴木は天皇家の執事役の立場から一歩も出ない。山田のことを考えてみようとしなかっただけでなく、宮中の風を変えなければいけないことなど、全く考えなかったのであろう。鈴木は、侍従をテニスで選んではならないなどとは思いもしなかったであろう。ただ彼は威張らない人間だったから、礼儀として全く未知の若者に対しても、その話を聞くだけの度量は持っていた。しかし父は、鈴木とは違う立場――宮中を改革しようとするまるで違う立場だったから真剣だった。その時の様子を後に母が語っている。

「鈴木さんに話している間、手をピッシリつけたまま動かさなかったんでしょう。膝の位置に二つ、汗のシミが出来て色が変ったものだから、あと袴は使い物にならなかった」

父は鈴木貫太郎に会った後、山田次朗吉の道場に行ったものと思われる。師の言行録である「水心社清話」はそれを次のように伝えている。

「我々ごとき者を貴方の御尽力、実に有難い。そりゃ私が出れば、それこそ粉骨砕身でやります。修養をしようと思うていたのであるが、ここで生命を投げうつのである（余知らず知らず、頭下がる）。何、不敬と言ったと。とにかく君が言ったのに対し、向うでは腹に響いているはずである。それまで思うてくれるとは、いや、この私の値打があるように思うてくれる者は、貴方一人だろう。近くにいる者は疎遠で、遠くにいる者は情が深いとは、妙なものです。

自分は四巻も天覧本を書き、自分の一生として、過ぎたるものと思うている。今のようなお話があれば、自分としても、さらに生き甲斐のあるわけである。無茶な修業はせぬから安心して下さい。君も余り丈夫な方ではなし、本務もあることですから、もうこの上は放っておいて下さい。それこそ明日朝でも、目をつぶってみれば分かることです。

私に自由にやらせれば、そりゃ偉いことをします。誰にも劣るものではありません。大言には似たれど、それこそ踏み込んでやりますわい（余、商科の人のなぜ、途ここに出でざるをいぶかる）。そりゃ商科の生徒達は小さいことしか分らぬ。天下とか国家とかの事になって来ると、情けないものでごわす。そんなことには気が付かないのです」

師弟で喜び合ったのは、もちろん、ぬか喜びである。鈴木貫太郎からは何の音沙汰もない。そして、父が鈴木に会って半年もしない昭和五年（一九三〇年）一月九日に、山田次朗吉は突如、永眠した。享年六十八歳。父の計画はまったくの頓挫である。山田は没する前日の一月八日まで、商科大学（現一橋大学）道場で稽古をつけ、帰りにまわった東銀座の弟子宅で、集まった他の門人と談話をかわしているうち、脳溢血の発作を起こしたという。

いま私の手元には、鈴木からの筆書きの年賀状が一通ある。

「謹賀新年　昭和五年一月　鈴木貫太郎」

消印は東京中央局一月六日だから父の賀状への返礼である。父は面会後も、鈴木との繋がりを保とうとして手紙を送っていたに違いない。それが山田の死で全て終わったのである。

軍部の国家犯罪を褒める昭和天皇

昭和六年（一九三一年）、中国東北部、満州の柳条湖《りゅうじょうこ》で、日本所有の南満州鉄道の爆破事件が起こった。これは南満州鉄道を守る関東軍がやったもので、首謀者は、関東軍参謀石原莞爾《かんじ》だが、関東軍は中国人の仕業と偽って総進撃を開始し、またたく間に満州全体を占領した。しかし軍の不穏な動きは、事件発生前から分かっていて、現地の総領事館からそれを伝える報告が、外務大臣に届いていた。そして同様な報告は事件後も寄せられ、外務大臣は閣議で陸軍大臣を追及している。だが、疑惑が向けられたのもここまでで、一般国民には関東軍の謀略が報道されることはなかった。国民は、つんぼさじきに置かれたのである。

昭和天皇はこの国家犯罪を知っていた。昭和天皇は、昭和天皇独白録の中で石原莞爾について「一体、石原という人間はどんな人間なのか、よく判らない。満州事件の張本人でありながら、この時（註、二・二六事件）の態度は正当なものであった」と語っているから、石原莞爾が柳条湖の爆破事件を引き起こしたと、満州事変の全貌について報告を受けていたのである。

そもそも天皇にとっては、満州の問題は四年前の河本大作の張作霖爆殺事件以来の鬼門であり、関東軍にも政府にも信用を置くことが出来ないと分かったのだから、大変な問題だったのである。そして実際、恐れていた通りのことが起った。ではここで道理通り天皇は、事件の全貌解明と事件関係者の処分を命ずる方に動くかと言えば、そんなことはしなかった。昭和天皇は、もう即位後間もない四年前の天皇ではなかった。天皇にとっては、例の西園寺の「君臨すれども統治せず」が金科玉条となっていたから、満州事変での天皇は、この西園寺の諫言を守って、それにそのまま寄り添う忠実な門弟であり、それから一歩も出ることはなかったのである。

そして内閣も、これに加えて満州事変では奇妙な処理の仕方をした。外相が、事件の第一報を不審として陸相に問うたのだから、閣議は先ず不審な点の解明に動くのが当然なのに、決してそうはしなかったし、更に現地の事態が思わぬ方向に動いたために、内閣は予想外の展開をはかることになったのである。

それはやはり軍の暴挙によるものである。関東軍は爆破事件後、張学良の大軍が押し寄せて来ることに備えて、朝鮮軍の支援を期待した。関東軍は南満州の鉄道を守るだけが使命であり、満州を支配する張学良の軍隊とでは規模が違う。そこで関東軍にとっては朝鮮軍の後方支援が是非とも必要だったのだが、朝鮮軍は日本軍と言っても在朝鮮だから、出動のためには満州と朝鮮の間の国境を越えなければならない。それには天皇の命令である「奉勅命令」を必要とするが、この急な混乱の中、朝鮮軍司令官は無断で越境をして軍隊を満州に送ったのである。これは明らかな法律違反だから、内閣は認めることが出来ない。しかし事態はもう認めざるを得ないところに来ていて、差し迫った現実問題としても、出動の予算が必要であった。これをどうするか。結局、内閣は朝鮮軍の出動は認めず、出動の予算だけは認めるという明らかに矛盾した決着をしたのである。

そして昭和天皇は、満州事変が一段落した昭和七年（一九三二年）一月十八日には「満州事変に際し関東軍に賜りたる勅語」というのを出した。内容はもちろん、関東軍はよくやった、というものである。それは今、次のような現代語に訳されている。

「関東軍は自衛の必要上、素早く事変に対処して、各地の蜂起ゲリラを掃討し、非常な困難を克服して、よく務めを果たした。それを朕《ちん》（註、公式文書での天皇の自称）は喜び、軍を褒め称えたく思う。これからも各自、耐え忍び、もって東洋平和の基礎を確立し、朕の信頼に応えるように努めよ」

石原ら関東軍は、天皇から誉められることを期待して忠誠競争をやったのだが、期待通りよくやったと誉められる。天皇は国家犯罪であると知りながら軍を誉める。まさに父の言う「国家は中心より滅ぶ」が文字通り進行していた。しかし、その肝腎なところは隠されていたから、国民には分からない。父にも分からない。父が鈴木貫太郎に会って「国家は中心より滅ぶ」の論を説いて三年も経たないうちに、父の恐れた状態になっていたが、このとき父は、山田次朗吉が亡くなった事もあって「私は裁判で名人芸を出したかった」などと、別な方向を向いていたのである。

大事な問題だから、ここで昭和天皇の名誉のために改めてもう一度、事実関係を整理してみると――昭和天皇は、西園寺の「君臨すれども統治せず」で道を誤らされたのである。昭和三年に昭和天皇は、張作霖爆殺を責めた。その昭和天皇は、昭和六年（一九三一年）には南満州鉄道の爆破を黙認したのみならず、昭和七年（一九三二年）にはよくやったと誉めもした。その間にあったのは、西園寺の教えである。「君臨すれども統治せず」――これが英国の王室の慣行で、それで英国が繁栄したとしても、日本は、憲法が「大日本帝国は万世一系の天皇これを統治す」としている国だから事情が違う。憲法で天皇は統治の責任を負う立場にあるのだから、それを英国流に曲げればもちろん憲法違反であり、重大な問題が発生するのは近衛文麿が言った通り当然なのである。こうしてここに破滅に至る一連の出来事が事実として歴史に残されることになった。昭和三年から六年に至る間の変化――その因果関係をなす原因と結果、それは全く明白なのである。

ハル・シートへの流れ――日本は受諾すべきだった

暴走は暴走を生む。陸軍は、満州国建国ぐらいでは満足しなかった。軍は満州国の安定を固めようと、昭和八年（一九三三年）、中国北京の河北省に隣接する熱河《ねっか》省で、残存する張学良軍を制圧する熱河作戦を計画し、一月にその実行の閣議決定と天皇の裁可とを得た。そして二月に熱河攻撃を開始することになったのだが、そのとき初めて、内閣はこれが非常な重大事となることに気付いたと言う。というのは中国が、満州問題を国際連盟に提訴していて、連盟は、満州事変を調査したリットン調査団報告に基づいて、日本軍の行動を審査している最中だったからである。熱河省は中国にとってはもちろん国内問題であり、日本軍は侵略者である。連盟の空気は圧倒的に日本を非難するものだったから、熱河攻撃は日本にとって決定的なダメージとなる。内閣は熱河作戦を中止させられないかと動き出し、天皇も裁可を取り消そうと感情を高ぶらせながら、その意向を侍従に伝えたという。しかし結局熱河作戦は止められなかった。のみならず天皇は、昭和八年（一九三三年）四月十五日に熱河作戦で戦った関東軍将兵への勅語「熱河平定の関東軍将兵に賜わりたる勅語」を出した。内容は「満州事変に際し関東軍に賜りたる勅語」とほぼ同じである。天皇は事態の流れに驚きながらも結局、統治の責任を放棄し、きちんと修正する誠実さを持たなかったために、以後奈落の底へと突き進む事になったのである。

昭和天皇は、昭和天皇独白録で、自分は立憲君主だから政府の意見を押さえつけることが出来なかった、としきりに言う。例えば、

「開戦の際、東条内閣の決定を私が裁可したのは立憲政治下に於ける立憲君主としてやむを得ぬ事である。もし己が好む所は裁可し、好まざる所は裁可しないとすれば、これは専制君主と何等異なる所はない」

ここで天皇はとんでもない思い違いをしているのである。裁可の規準は、好むと好まざるとによるのでなく、正しいか正しくないかの判断であるべきで、立憲政治と専制政治の問題ではない。だからどんどん自分の判断で裁可の可否を決めるべきであるのに、昭和天皇にはその重大なことがきちんと分かっていなかったのである。それに熱河作戦では、天皇と内閣とは全く同意見だったにもかかわらず、この時も西園寺が出て来て、内閣と天皇が一旦出した命令の取り消しに反対して、天皇に保身術を取らせた。昭和天皇は正しいと思う自分の主張を貫くことなく無惨に折れたのである。まさに「国家は中心より滅ぶ」の実行が通常のものとなっていたのである。

この後、昭和十一年（一九三六年）には二・二六事件が起きた。天皇は「この時と終戦の時だけは積極的に自分の考えを実行させた」として「陸軍省の態度が手緩かったので、私から厳命を下した訳である」と特記しているが、なぜ事件が起ったのか、天皇はきちんと考えてみた事があっただろうか。軍が勝手に実力を使う。これは張作霖爆破事件、満州事変と続いた流れである。そして満州事変では天皇は、軍の勝手な実力行使を褒めた。朝鮮軍の越境すら黙認した。熱河作戦は、結局天皇は、間違って許可したと思いながら許可を取り消さない。他方、軍人兵士は武力を行使することを意に介しなくなっている。成功すれば天皇から勅語で褒められる。満州事変然り、熱河作戦然り。二・二六事件の兵士は、反乱は天皇のためと考えて実行したのである。こうして二・二六事件以前に、天皇は知らず知らず、事件の素地を作っていたのである。国を統治する人はその辺をきちんと処理しないと、後々悪い結果を来すのは当然で、この流れが次には日中戦争へとなって行くのである。

ここで日中戦争前史として、先ず日本軍が中国の華北で、侵略者そのものとして横暴に振舞っていたことを記さねばならない。熱河出動に続いて日本は、満州に接する中国華北地方に反日運動の鎮圧と称して出動し、北のその地域を中国から実質的に独立させ、日中の緩衝地帯として使う植民政策を進めていたのである。

この頃、当然なことに、中国では愛国の排日の気運がみなぎっていた。その中国に、日本は軍隊を駐留させ、しかも人員を増員して演習をしていたのだから、日中間に衝突が起るのは不思議でなかった。そんな中での歴史に残る出来事として、昭和十二年（一九三七年）七月七日夜、北京郊外の蘆溝橋《ろこうきょう》で演習中の日本軍に一発の銃弾が打ち込まれた。この銃弾が偶然か意図的なものかは今もって不明だが、戦争になる状況は整っていたから戦闘が拡大するのは自然だった。こうして日本破滅の太平洋戦争となって行くのだが、これまでの流れを振り返る時、発端となっていたのは、統治者・天皇の振舞いだったと言わざるを得ない。私も父に倣って言いたい。「国家は中心より滅ぶ」と。昭和三年の西園寺公望の処世術の教えと昭和天皇の屈服、これが無ければ満州侵略・中国侵略は起らなかったのだから、太平洋戦争も無かった。日本が破滅することはなかったのであり、三百万の日本人の死、二千万のアジア人の死は無かったのである。

昭和十六年（一九四一年）、世は米英との戦争が今にも始まりそうな空気だったが、実は軍は戦争を避けたかったと言う。その年の十月には海軍から政府に対して次のような申し入れがなされた。

「海軍は外交交渉の決裂を欲しない。すなわち戦争を出来るだけ回避したい。しかし海軍としては、表面に出してこれを言うことは出来ない。今日の会議においては、海軍大臣から、和戦の決は首相に一任する、ということを述べるはずになっているから、そのお含みで願いたい」

これに対して、二日経って、今度は陸軍から、やはり政府に次の申し入れがあったという。

「どうも、総理の肚が決まらないのは、海軍の肚が決まらないからだと思う。で、海軍が本当に戦争を欲しないなら、陸軍も考えねばならぬ。しかるに海軍は、陸軍に向って表面はそういうことを口にしないで、ただ総理一任と言う。総理の裁断ということだけでは陸軍部内を押さえることは到底できない。しかし海軍がこの際、戦争を欲しないと公式に陸軍に言ってくれれば、部下を押さえるにも押さえ易い。何とか海軍がそういうふうに言って来るように、仕向けてもらえまいか」

この時の近衛内閣で、国務大臣・企画院総裁であり、次の東条内閣でも留任した人が、戦後それをインタビュアー三国一朗に次のように語った。

三国一朗「しかしアメリカとの話を何とかまとめるための最大の条件は、中国からの撤兵でしょう。鈴木さんも賛成だったと思いますが、なぜあの時、忍び難きを忍んでも、中国から撤兵してアメリカと和解できなかったのでしょう」

鈴木貞一「僕に言わすとね、支那からの撤兵というのは、できないことなんだ。政治力ではそれは出来ない。御上《おかみ》（天皇）のお言葉を頂くほかない。政治以外のものなんです。例の荻窪会談（註、荻窪の近衛邸での首相と主要閣僚との会談、昭和十六年十月十二日）をやる三週間ぐらい前だったな。近衛さんが僕に私邸に来てくれと言う。行ったところが、『結局これは戦争をやるほか方法は無いかも知らん。君、ひとつ戦争になった時の大義名分を考えておいてくれないか』という話です。それで僕は『それは大変な問題だ。僕の承知しているところでは、海軍はとても勝ち目が無いと言っているが』と言ったんです。それというのは、僕の私邸へ豊田（貞次郎外務大臣）さんと及川（古志郎海軍大臣）さんが二人でやって来て『鈴木さん、物的な関係からして、戦争は絶対にやっちゃいかん、という議論をひとつ、展開してくれませんか』とこう言うから、『それは企画院に権限は無い。戦争をするかしないかは、陸海軍と政府の問題だから、陸海軍の意見がどうなのか、それがはっきりしなくちゃ、企画院は物がないから戦争はしないんだ、というようなことは出来ない』と、こう断ったことがあるからです」

三国一朗「当時はまだ、海軍は戦争する気がなかったのですね」

鈴木貞一「無かったんですよ。やりたくないんだ。それが僕は勢いだと言うんだ。海軍は支那事変以来、アメリカ何するものぞ、アメリカに対して不敗の体制をとるんだ、ということで国民に宣伝し、予算を取って来ているわけだ。いまさら戦は出来ないなんて言えないんです。それを汲み取ってやるのが政治家なんだな。近衛なんだ。ところが近衛が何と言っても、海軍大臣が言わないから、陸軍大臣は言うことを聞かないわけだ。それは東条に言わせれば、陸海軍の統帥府が同じ考えになって、それを政府に突きつける。そして政府と話をする、という仕組みでなければいかんと。それも、もっともなんですよ」

三国一朗「すると十月十二日の荻窪会談では、及川海軍大臣から、前に鈴木さんに示されたような話は出なかったんですか」

鈴木貞一「出ないんですよ。これが僕は戦争になる政治的な最大の根本原因で、それは海軍の態度にあった、と思うんだ。海軍に岡（敬純）という軍務局長がいて、これは武藤（章、陸軍軍務局長）と話をしておって、この戦争を避けるためには、海軍が一言、『戦争をやらないんだ』と言ってくれれば、陸軍も若い者を押さえて戦争に持って行かないことが出来るんだと、武藤はこう話しているんです。ところが岡は、『それは出来ないんだ』と言っているわけだ。だから問題は、海軍が統帥府としての自分の責任を回避しているわけで、そこに政治的には戦争になった根本原因があるんだね」

ちなみに鈴木貞一は元陸軍中将である。

「是非やれと言われれば、はじめ半年や一年は、随分暴れてご覧に入れます」と語った連合艦隊司令長官山本五十六は、ハワイ作戦にあたり、知人に次のように書いた。

「個人としての意見と正確に正反対の決意を固め、その方向に一途邁進のほか無き現在の立場は、誠に変なもの也。これも命というものか」

阿川弘之著『山本五十六』のこのくだりには、父の「明白なる敗戦表明」の書き込みがある。

昭和十六年（一九四一年）十一月二十六日、アメリカから日米交渉・最後通告が示された（ハル・ノート）。骨子は日本の中国からの撤兵である。日本は、これが絶対に受け入れられないとして日米戦争に入るのだが、道理から言えば天皇は当然ハル・ノートを受諾すべきであった。というのは、前に述べたように中国出兵の原因を作ったのは、すべて天皇だったからである。張作霖爆殺犯人を処罰しなかったのは田中義一だが、それを黙認したのは昭和天皇だ。満州事変の張本人が石原莞爾と分かっていながら、これも黙認。おまけに「満州事変はよくやった」と勅語を出した。熱河出撃も裁可し、これにも勅語で褒める。そういう侵略を続けた結果が中国出兵なら、その責任をとるのが天皇となるのは当然である。ここで天皇が詫びて退位し、皇位は幼少ながら皇太子（現上皇）に譲り、三笠宮にでも摂政をして貰えば、日本は以後、戦争なく豊かな文化国家となり、世界も平和に繁栄したはずである。日本人三百万、アジア人二千万の死は、ほとんど無くて済んだはずで、好い事だらけだった。私が日本の昭和史を総括して言うとすれば、ただ一言あるのみ。「日本は、昭和十六年ハル・ノートを受諾すべきだった」——これしかない。

「国家は中心より滅ぶ」を示した天皇

父は実際の政情には疎い男で、張作霖爆殺から熱河出撃の事情すら知らなかったはずだが、思想から言って戦争を許す人間ではなかった。「天皇陛下と山田次朗吉」には、

「今度の戦争にしても山本長官、東条総理以下、政府・軍部首脳部ことごとく開戦前に敗戦必至。結局は亡国に至る自覚があった。

戦争を避ける。陛下はこのためにこそ在られる。戦争をしないで目的を達する。これが彼我のため、自他のためである。国家のため吐血絶息するまでの心力を傾倒する。方策が生まれぬはずなく、必ず生まれる。事成らざるはずは絶対ない。然るに陛下には、天下国家のため世界のため『声涙《せいるい》ともに下《くだ》る（註、悲憤慷慨して涙をもって語る）』の気概がまるで無かったではないか」

と書いている。天皇は国家のためには、山田次朗吉流の絶息吐血するほどの精神集中をすべきで、

それによってこそ解決が得られる、と論じているのである。
この時の天皇の動きは「昭和天皇実録」に記録されている。「外交交渉か開戦準備か」の昭和十六年（一九四一年）九月六日の御前会議の前日、天皇は近衛首相、杉山元・陸軍参謀総長、永野終身・海軍軍令部総長を呼んで問うた。
「天皇　南方作戦は予定通り出来ると思うか。
杉山　おおむね五ヶ月で終了する見込みでございます。
天皇　杉山は日中戦争に一ヶ月たらずで解決すると発言。然るに四カ年の長きにわたって、まだ片付かんではないか。
杉山　中国は奥地が開けており、予定通りの作戦とはいきません。
天皇　中国の奥地が広いと言うなら、太平洋はなお広いではないか。いかなる見込みを持って作戦終了の見込みを五ヶ月と申すか。
永野　日米問題を病気に見立ててみますと、手術をすれば非常な危険があるが、助かる見込みも無いわけではありません。統帥部としては、あくまで外交交渉の成立を希望しますが、不成立の場合は、思い切って手術をしなければならないと存じます。
天皇　絶対に勝てるか。
永野　絶対にとは申しかねます。
天皇　ああ分かった」

昭和天皇は、まさに父の言う「国家は中心より滅ぶ」の天皇だった。戦術だけを問い、戦術だけを語り、「天下国家のため世界のため、声涙ともに下るの気概がまるで無かった」のである。

これが昭和天皇の資質である。私は昭和天皇の真筆問題で、その国語力から昭和天皇を高く評価できなかった。しかし一番大事な統治の点においてこそ、問題は深刻になる。昭和天皇の示した能力とは、勝てるとか勝てないとかの論議しか出来なかったものであることが、ここに記録された。昭和天皇にとっては、ハル・ノートが一番問題にする「中国出兵」をもたらしたのが、まさに天皇自身であることに気付くはずが無かったのである。悲劇的というか、喜劇的というか、不幸なことに、日本国民はその人を「現人神」なる絶対の存在としたのである。

東条首相に直訴した父

太平洋戦争の開戦は昭和十六年（一九四一年）十二月八日だが、父はこの頃、横浜地方裁判所判事として、判事の普通の仕事をしていた。冬休みには故郷にも帰っている。

「昭和十八年（一九四三年）一月三日　本屋を巡り、唐宋八家文を購い、城山に登り、碧山を眺め、新川、郡中に臨み、道後温泉に浴す」

しかし、その平穏な日々の中、何かが起こり始めていた。この頃の古いノートにはさんで、旧い新聞の切り抜きが出て来た。時事、随想から碁譜にいたる種々雑多なものがあったが、その中で私は、見逃してはならぬものを見付けたように思った。それは戦時中の立法に関する記事である。

　この年の始め、戦時刑事特別法改正案が衆議院に上程された。改正案の主な点は「戦時に際し国政、その他、安寧秩序を乱すことを目的として、いちじるしく治安を害したる者は七年以下の懲役または禁錮に処す」で、それはまず委員会にかけられた。この条文をかみくだくと、司法大臣の次の答弁になる。

「俗にいうデマとか怪文書とかいうものは、従来、なかなか検挙の出来ないものだったが、今回いよいよ重要な犯罪として、この法律規定の厳罰をもって臨むことになるから、これに対する検挙については、全力を注ぐようになろうと思う」

　そこで国会では「憂国の至情に発しながら、改正案にふれる場合はどうか」などに論議が向けられたが、刑事局長は「国の基本的政策にふれる場合は、十分国政を乱すものであり、愛国の至情というようなことは、斟酌すべき情状の問題に過ぎない」と答えている。さすがにこれは無視できず、検討有志代議士会というのがもうけられ、「改正案は、国民の政治運動に最も重大な関係がある」として、約五十名が院内に集まった。反軍演説の斉藤隆夫、戦後首相になった鳩山一郎、三木武夫、憲政の神様と言われた尾崎行雄などがこの時の議員である。そして有志代議士会として、同法案に対して否決の態度で臨むことを申し合わせた。

　しかし、この間に政府の切り崩しがあったのだろうか。早くも数日後の新聞には、「目下のところでは二十名の賛成者を得て、修正案を本会議に提出することは至難とみられる」の記事がある。そして最後の報道では何と「少数の修正派議員は欠席していたので、委員長報告通り満場一致可決成立」と記されている。戦後、もてはやされた人たちは、すべてこの時、法案に賛成したか逃げたかである。

父がこの記事をどういう関心で取っておいたのかは、明らかである。彼のメモに「近頃のお粗末な法律、言論取締諸法令改正案。阿諛便佞《あゆべんねい》（註、おべっか、へつらい）の徒は町野に横行し、至誠の士は憂憤、ついに黙し得ずして、ややもすれば囹圄《れいご》（註、獄）の人となる」という書き込みがある。

父が、この頃使っていた別のノートは、論文抄録に多く使われているほか、漢文の写し書きが間に混ざっている。その中に筆でわざわざ大書した一文があった。

「朽木不可雕也、糞土之牆、不可塗也」

キュウボクはホルべからず。フンドのカキはヌルべからず。腐った木には彫刻できない。ごみ土の垣根には上塗り出来ない。

昭和十九年（一九四四年）の父の日記は、矢張り元日を郷里で過ごしたことから始まっている。

「一月二日　十一時、昼食の御馳走に預る。お餅お酒。それより松山に行く。酔中、城山を眺めつつ。絵の如し」

しかし二月になると、それまで無かった戦争のことが日記に記された。

「二月十九日　トラック島米軍空襲。新聞一斉に書き立てたり」

父はそれから東条首相が参謀総長を兼任したことも記し、数日後には書斎にこもった。彼は東条首相に長い手紙を書いたのである。しかも二度書いた。最初の手紙に反応が無かったから――。父は七十七歳のとき、それを振り返って次のように述べた。

「私はロクロク新聞を読む暇もなかったが、どうもこれでは日本は駄目になる、と思うとった。それでこんな性格だから、横浜の裁判所の判事連中に『これはと思うような人物は居らんですか。私は捜しておるんです』と聞いた。すると、ある人は遠藤三郎という航空の長官の名前を言った。この人は陸軍中将だ。しかし、新聞にもちょいちょい写真も出よったが、あれはあれだけの人だ。『ア、駄目ですよ。他にないですか』と言うと、判事連中、見聞も狭いかもしれないけれども、とにかく、あるべしとも思われなかったから、それで、はなはだ物足りないが、東条さんは当局者プラスがあるから、他に無いものを持っておる。そしたら生じっかな人に話しかけるよりも東条さんが一番良かろうと思って東条さんを選んだ。物足りなかった、初めから。何も人物と思うて相手にしたわけではないんだ。あの人は動作が活発で音声が朗らかで、演説が巧いんだね。そこで人はあの人を秀才と見誤るんだ。中身は何もないが。それから、うすうす新聞記者なんかに聞くと、政治家にとって代った軍部も、大分堕落しとるようである。形式主義になってしまっとって、このままでは日本は滅びる、ということで昭和十九年（一九四四年）の三月だったか長いものを出した。それからその次が猛烈だった。必ず国は滅びると。閣下は初めて国を滅ぼす人であると。足利尊氏は――まあ足利尊氏といっても、今は問題だろうが――逆臣で通っていた。

しかし、この人は可愛らしい逆臣である。何となれば国を滅ぼさなかった。しかし貴方は国をまさに滅ぼそうとしているのだから、足利尊氏どころの無邪気な逆臣ではない、とそれを書いたんだね。そしたら、それを司法省へ東条さんが言った。赤松大佐という秘書官が言って来たんだね」

父の手紙は残っていないが、書き残されたものなどから、筋道は、大体つけることが出来る。「国家は中心より滅ぶ」を言う父は、自分には人に見えないものが見える、との自信を持つ。天皇に対する忠誠は、鞠躬如《きつきゆうじよ》、礼儀三百威儀三千の姿となって形式化している。人は、ただこれを称えるが、彼はこれを滅びととらえる。大本営は、形式の取り繕いに努め、ゴマカシの発表に走るではないか。系統内の忠誠心から、陸海軍は足を引っ張り合う。しかしそれを批判することすら、言論取締諸法令によって、人々の目から隠されている。

「世、人は民をして知らしめず、言論を押圧するをもって、単に政策、主義、方針の問題たるかの如く為せども、小官は、首相以下、天下の至誠に出でざるが故に、国民のこれを攻撃せん事を恐れたるによるもの、と断ぜんと欲す。主義の問題にあらずして誠意の問題なり」

そして父は更に言う。

「ほのかに聞く。昨年、首相暗殺事件のごとき、法相は、いかなる認識を得たる。もしその認識にして、真に肯綮《こうけい》（註、物事の要点）に当たり、これを活用するの胆勇ありたりとせば、如何。これにより内閣、瓦解すべくして瓦解したらんには、天下の幸慶、これより大なるはなし。もしまた存立を許さざるほどの事由ありながら、これを認識し得ず、認識し得たりとするも、これを活用し得ざりしがため、瓦解を免れたらんには、国家の災厄、これより甚だしきはなきなり。法相は首相に向い、いかなる忠言を国家のため、敢てしたる。恐らくは事の未遂を喜び、首相身辺の厳戒を進言したるのみならんや。この法相、首相のためには慶すべく、国家の不幸、また極まれり」

父が首相に送った最初の手紙は恐らく、国を建て直すために、迫りつつある危機を訴えること、それだけに止まったであろうが、二度目の手紙では調子をすっかり変えて、国は必ず滅亡する、首相は最大の逆臣になると断定し、降伏、亡国にまで言及したので、首相の逆鱗に触れたのだろう。亡国は父の避けたい言葉、かつ言わざるを得ない言葉となった。

この時のことを母は後に次のように語った。

「何か、お父さん、しきりに毎日書いていらしたから、勉強をしてたのかと思ってたら、とんでもない話だった」

わが家の空気も次第に変って来た。親は言わないけれども、何か問題が起きているのは分かる。あれはまだ、梅雨の頃であっただろうか。薄ら寒い印象が残っている夜、姉妹と私、きょうだい三人は、母の帰りを待ちわびていた。母は裁判所の所長に呼び出されていたのである。夜遅く、食事も済んで随分たった頃、ようやく門の開く気配がし、きょうだい揃って玄関に出てみると、母が疲れた顔で入ってくるところだった。そして私達のためらい勝ちな問いかけに、答はほとんど戻って来なかった。私はすぐ引き下がったのだが、翌朝母の顔を見るまで気がかりは消えなかった。

この頃、母は何度も裁判所に呼び出されて、その度に父に対する辞職勧告に協力して貰いたい、と所長から要請あるいは命令されたのだが、いずれも断った。その時のことを母は最晩年に書いていて、私は母の没後、戸棚にあったノートを開いて初めてそれを読むことができた。

「ある日突然、裁判所から私に呼び出しが来た。行ってみると、所長室で直ぐに用件が告げられた。所長は、東条さんに『戦争を止めろ』という手紙を出すような部下は迷惑だから辞めさせたいが、当時は判事は天皇による任官であるから、どうにもできない。本人から辞表を出させたいが、言っても聞かないので、私から勧めて辞表を出させようとしたのである。所長曰く、辞表を出さないで辞めさせられれば、一家の不名誉になり、恩給はとぶし、子供も世の中に出られなくなり、孫子の末まで駄目になると。それで私にぜひ説得せよと言うのである。私はその時、戦争を止めるのは悪い事ではないので、キッパリと、私は悪いと思わないから、出すようには言わないと言った。するとそれが役所中の評判となり、キツイ奥さんだということになった。私は、恩給がとんでも田舎へ帰って百姓でもすれば、食べられなくはないと思っていたのだが、こんな立場になると、人間は現金なもので、みんなソッポを向いて村八分のようになった。

役所は困って裁判にかけるだろうが、懲戒裁判ということになれば非公開でどんな事でも出来る。私は、今は子供も小さいからよく分からぬが、大きくなったら分かってくれるだろう、と思った。ヒッソリ暮していたため少しの貯えがあって、それでやっていく積りだったが、いつまで続くやらと不安な気もした」

梅雨があけて夏らしくなった日の夕方、珍しく父のところに三人もの客がやって来た。裁判所の父の同僚ということだったが、私の印象では乱入されたようなものだった。それは、応接間を子供部屋兼用に使っていた私たちが追い出されたからだけではない。父に比べるとまるで瀟洒《しょうしゃ》なその人たちが、声高に喋り笑い、そして父が冴えない調子でボソボソと受け答えする、その様子が子供心にも何とも屈辱的だったからである。別の部屋で声を潜めていた家族にとって、それはいわば嵐であった。事実、夜ワッと引き揚げられたその後は、奇妙な静けさである。

しかしその晩、しばらく経つと、締められた戸はまた叩かれた。私が出て行くと、鍵を開ける前に、外から気軽な声がかけられた。

「やあ、坊ちゃんですか。済みませんなあ、何度も。近くだからまた来ました」

そして確かにさっきの客の一人がサッと入って来たのだが、私は身を固くした。彼の後ろに憲兵でもついて来はせぬか、と思ったからだ。それはもちろん思い過ごしだった。彼は軽やかな足どりで入ると、自ら門の扉を閉め、私に愛想めいた言葉さえかけたのだから。

今度は静かな会話だった。しかし、それはいつ果てるとも知らず、気にしながらも私は眠ってしまい、客の帰ったのを知らなかった。翌日聞いたところでは、深夜、市電の停留所で五つ六つ先にある自宅まで、彼は歩いて帰ったということだった。

懲戒裁判にかけられた裁判官

父の昭和十九年（一九四四年）の日記には、七月五日から首相に手紙を出した件が初めて登場している。

「七月五日　午後一時、所長室にて東条首相宛書信問題。
七月六日　朝、所長に懲戒裁判希望。夕方、所長に、大臣の見たるや否やを確かめられんことを願う。
七月七日　辞表提出拒絶す。
七月八日　妻、午前十時、所長室出頭。会見十五分間。午後一時過、所長、大臣面会取計らい方を諾す」

父のノートには文官懲戒令の条文の写しが書いてある。

「文官懲戒令（判事懲戒法）
一、職務上の義務に違背し、または職務を怠りたるとき。
二、職務の内外を問わず、官職上の威厳または信用を失うべき所為ありたるとき」
「八月二十八日　所長より今明日、懲戒裁判に付せらる由、承る」

この時の裁判所の通知が残っている。

「決定

横浜地方裁判所判事被告　岡井藤志郎

右に対する判事懲戒事件につき、当裁判所は判事懲戒法第五十一条第一項により、検事の意見を聴きたる上、職権をもって決定すること左の如し。

本件懲戒裁判手続き終了に至るまで、被告の職務を停止す。

昭和十九年八月三十日

東京控訴院における懲戒裁判所　裁判長判事　霜山精一」

この夏、都市に住む学童の、縁故または集団の一斉疎開となったが、我が家は八月中は動けなかった。妹が母に連れられて田舎に発ったのは、新学期が始まってからである。

「九月六日　愛子、淑子の疎開につき帰郷」

裁判はこの後、始まった。父が懲戒裁判の被告になっていること、また給料も止められているらしいこと等、私は薄々は分かっていたが、それをはっきり知ったのは、ある日、壁にぶら下がっている父の野良着のポケットから、一通の封書を抜き取り、盗み見することによって、である。それは召喚状であった。私は「被告」に偏見を持って、罪人と同じように見ていたので、父の置かれた状態を非常に心細いものに思った。そして「東京控訴院における受命判事」という肩書きが、なおさら厳めしく私の目に映ったのである。

「十一月十八日　陳情書原稿用紙にて百三十頁を発送す」

陳情書は、はるか昔の、山田次朗吉推挙のことから書き始められたらしい。それは断片メモから分かる。

「忠誠をもって聞ゆる鈴木貫太郎侍従長の態度は、今もって不可解千万なり」

「山田氏没後、陛下が、かかる国宝的人物あるを聞き給い、『何ゆえ、言わざりし』の御下問あらば、いかに奉答なすべきや、の老婆心をも呈したり。しかるに侍従長、何等の行動に出ず」

陳情書というのに鈴木貫太郎を非難しているのである。あるいは父は、自分の裁判だというのに、このことばかり書いたのかも知れない。別のノートには、陳情書に関係するのではないかと思われる走り書きのメモがある。

「私のやりました事は、国家の運命、しかも現在の迫れる運命と深き深き関係を有することこそ悲しけれ。判事は国家のためを考えるを要す。国家がこの状態では、司法省がこの状態では、いくら闇征伐をやっても駄目という場合に、これが救済案を講ずる。判事の身分上から言えば、上官たる首相に致す。これも判事の職務である。これをせぬのは国家に対する不忠行為。国家そのものが闇になる。覆滅する。泥舟の局部を修繕する。これをせめて木舟に改めることをしたい。法相は首相の鼻息をうかがう。これ、陛下を輔弼《ほひつ》（註、天皇の政治をたすけること）し奉る国務大臣たるに非ず。東条の家の使用人たる態度、不忠不臣なる。

今次の戦争に限り、勝てなければ亡国とは何人も言う。このままでは到底、勝てぬと思う。しかれば、そのままに放置するは如何。そのままに放置するは、国家に不忠の行為なり。

サイパン島玉砕発表、遅滞。黙っていたところに国家を好い加減にする考えを見る。軍需調弁価格の過当。東条首相無誠意論、予のみ」

十二月の初めから、私は学徒動員の中学生として横浜北部の通信機工場で働くことになった。この頃、父の給料差し止めの影響はもう出ていた。母は近所の家の裏庭につながる土地を借りて畠を作っていた。これは踏み固めたような荒地だったから、開墾が我が家の大きな仕事になって、休みの日には私も手伝わされた。

この頃、父は石原莞爾が東条打倒に動いた話を聞いて、石原に手紙を書いたら、葉書に鉛筆書きで「私は相当の自信家であるけれども、今となっては救えません。よってお断りします」という返事が来たという。後に父はこの時のことを「溺れる者は藁をも掴《つか》むの気持ちで」と書いている。父はもちろん石原が柳条溝事件の首謀者であったことなど、知らなかったのである。

「昭和二十年（一九四五年）二月十日　懲戒裁判第一日。警戒警報解除を待ち十一時開始。十二時終了。

二月十八日　懲戒裁判送達を受く。失職の言渡也」

失職の言い渡し、と父はあっさり書いているが、この判決の特別送達を受取ったのは私だった。たまたま私の休みの日、郵便配達員の届けた大事そうな封書が懲戒裁判のものであることは、裏を引っくり返してみると直ぐに分かった。私はそれを父の書斎へ持って行ったが、中身が気になって仕方なかった。そして見てやろうと機会をうかがっていたのである。

やっと父が手洗いに立ったとき、私は急いで父の書斎へ入って行った。机の上にはさっきの封書が置いてある。急いで中を引き出して、折りぐせのついた和紙の束を拡げると、鮮明な文字の幾つかが、たちまち目に飛び込んで来た。

「判決。主文。判事岡井藤志郎を懲戒免職に処す」

「官職上の威厳信用を失うべき所為に該当し――」

それは手紙を受取った時から、とうとう来たか、と覚悟していたものであり、同時にそんな事があるはずはない、と否定していたものでもある。

郵便受けに「非国民」

しかし私は感慨にふけっている間はなかった。横綴じの紙をあわててたたみ、どうやら封筒に押し込めたが、余裕はまるでなかった。私は急いで廊下に出ると、手洗いから戻る父とすれ違った。父は、私が何をしていたかについて、少しも疑いを持たないかのような様子だった。ホッとした。

落ち着くと、私はかえって心配になって来た。我が家が世間から孤立していることが、ひしひしと感じられる。少し前、私は郵便受けに一枚の紙が入っているのを見た。大きな字で「非国民」と書いてある。それだけだったが、それは私の胸に突き刺さった。そっと誰かが入れたものだ。

父が裁判にかけられていることを知って書いたのは疑いもない。誰か。隣近所の誰でもそれを入れて不思議はなかった。離れたところにいる人が父の事を聞いて憤慨して、わざわざ投げ込みに来ることもあり得る。「義憤」だ。私は友達が横浜駅の地下道で、たまたま米兵捕虜の連れられるのに遭遇して、尻を思いきりひっぱたいてやった、と得意げに語るのを覚えていた。義憤に燃える人はいくらでもいるに違いない。私はごく自然に、父にでなく母に紙を渡した。母はびっくりしたような、息を飲んだような表情になって、何も言わなかった。親子とも青い顔をしていたのである。しかし、それから母は、かすれた声で言った。

「お父さんほど国のことを思う人は無いんだからね」

私はすぐに立ち去った。その方が私にとっても母にとっても、良いように思われたからだ。しかし変な紙はもう一度入った。これも見付けたのは私で、それには「非国民　配給を取るな」と書いてあった。配給を取るなというから、これは隣近所の人か。我が家は追いつめられている。しかしそれを渡したとき、母は「心配するんじゃない」とだけ言った。それは自分に言っているようだった。そして、それきり親子は最後までこの話をすることはなかった。幸いな事に、それ以降、紙が投げ込まれることはなかった。

懲戒免職の一審判決に対して父は直ちに控訴した。

「二月二十日　控訴の申立。

国家の危急を憂いたるが故に今回の挙あり。されば小生の処分の如き、最初より意に介せず。ただ検事の論告と原判決と、共に根本を逸す。座視する能わず。

東条内閣の怠慢と国民瞞着は国家滅亡を来す。国内を退廃堕落のままに放任し、世を欺きたる結果は如何。艦船の被害多し。これを秘するも、その実を見聞する者、これを相伝う。流言飛語また跳梁《ちょうりょう》（註、跳ね回ること）す。民衆、疑心暗鬼、害毒、実に恐るべし。かくては手のつけようもなし。一個の流言飛語を検挙するも、何の益あらん。政府等指導者の心、国家に在らず。私心に覆われ、利害関係は他にあり。ゆえに抑圧恣肆《しし》（註、ほしいまま）なり。かくの如くして戦勝せば、かえって日本国民の将来を毒さん。戦勢の恐るべきは寸毫《すんごう》（註、極めて僅かなこと）の失も、ある程度に達すれば、円石を千尋の谷に転ずる如く、敗亡底止すべからざるにあり。これに対し、有効痛烈の策を講ずるにあらずんば、国家も天皇陛下も共に亡びん。

小生の挙は最小限度のものなり。その時期すでに遅し。また余りに微温的なりしを悔ゆるのみなり。この事態において、なお国家を救うの術ありや。満天下、首相の鼻息をうかがうのみ。元老、重臣、文武官僚、言論人、議員、一人の決起する者なし。

三月八日　控訴状を提出す。

三月十日　夜半、東京大空襲を受く」

東京大空襲の夜、私は外へ出て北の空を見た。わが家は横浜の南の外れにあって直線距離でも東京から四十キロあるのに、海岸に出て見ると、黒い夜空は異常に赤く染まっていた。それは初めて見る状景だったが、今いかに凄い空襲で東京が焼けているか直ぐに分かる。大変なことが起っているとしか言いようが無く、冷たい潮風にふるえながら私は容易に動けなかった。この夜、数十万軒の家が焼かれ、十万人が焼死体となった。広島長崎の原爆被災以前に、原爆と同規模の惨事が東京で起ったのである。聞くところによると、その夜、地獄の火は踊り狂い、逃げる人を総なめにした。火は建物の表から横向きの烈しい炎となって裏へ抜け、橋を渡り避難していた人を水中へとなぎ倒した。空襲の夜が明けると、遺体の山が各所に出来ていたという。命拾いした百万人の人は住むところを失った。これが国を率いる人たちの、正に目の前で起ったのである。

この後、五月には横浜にも大空襲があったが、市の外れにあったわが家は焼失を免れた。その日、私は勤労動員の横浜北部の工場から南のわが家まで、まだ炎と死体の残る焼跡を歩いて帰ったのだが、こんなことは当時もう日常茶飯事になっていたのである。

「七月二十日　小石川久野町、付属師範国民学校、大審院出頭。鑑定人訊問」

懲戒裁判第二審の様子を、父は晩年になって次のように語った。

「第二審の裁判長は三宅正太郎、前に司法次官をやった人だね。第一審の裁判長の大森洪太も司法次官をやっとるから、部内のいずれも一流の顔を揃えたんだね。三宅さんは『裁判の書』という有名な本を書いた人だよ。

その時分は空襲が始まりそうな時で、小学校の講堂か何か、歴史の図面が掲げてあるようなと

ころで裁判をやった。そうしたら三宅さんが、

『貴方のお書きになったものは、正気でなくして、何かその時の気分が妙になって、お書きになったんでしょうなあ』と言ったんだね。それで、

『何をおっしゃるんです。正気も正気。まだ遠慮し過ぎた。後悔しとるんです。何たる生温いことを書いたかと』

それから、

『貴方がたは、この戦争の現勢とか、そういうものは見えんのですか』と言ったんだね。そうしたら、

『バカァー』

と大きな声で三宅さんが私に怒鳴りつけた。それで、ははあ、おいでなさったな、と思うたから、

『貴方は、その程度を以て腹芸と思って居られる。その浅薄さがいかんのです。首脳部に居られる方は。その浅薄さが国を滅ぼすんです。それでよく、夕飯が食べられる事ですな』

と言ったんだねえ。そしたらまた、今度は、陪席も二人おったが黙ってしまった。分かったんだろう。分かったと見えて、今度は、私に対する言葉や態度も、丁寧になってきた。こっちも恥をかかすのは嫌いだから、神妙な態度で調べに応じていった。

まあ三宅さんにすれば、厄介な問題だし、正気でないということで辞表を書かすのは、この人の為だろうぐらいに思ったんだね。こちらはまるで考え方が違っているんだから、問題にも何に

もならないんだ。だが、私は法廷で当局を論難したかった。鑑定人もつまらなかった。私が裁判にかけられてから、大学で精神鑑定された。来いというので大学病院に行ってみたら、しきりに、

『貴方に投書の癖がありませんか』

と聞くんだね。何たる事かと思うたよ。それが専門家というもんかねえ。戦争が終って、裁判記録を見せて貰うと、やはり投書癖とか何とか書いてあった」

大審院の三宅判事は父に好意を持っていたのである。彼はリベラルな判事で、被告と以心伝心、うまく処理する積りだった。しかし父が乗って来なかったから腹を立てた。三宅判事にとって予想外だったが、父にとっては最も主義に反するやり方だったのである。

父のノートには、この後、冬までの記述は二つしかない。

「七月二十七日　夜来吐気。眩暈する。寝ていても、寝ていても、汗をじっとりかく」

「九月二十六日　東大精神科教室　内村教授」

東大精神科教室というのは、父が三宅判事から精神鑑定を命じられての出頭である。これは、もう戦争が終わってからの裁判の続きで、その前に終戦があった。

敗戦後の「免訴」を拒否した父

終戦の日、私が工場から早く帰ると、両親がチャブ台をはさんでひっそり向き合っていた。父

の日記には終戦の記述はまったく無い。父母が何を話していたのか、今もちろん全く分からないのだが、父が痩せこけた浴衣姿でいたのは忘れない。父は「七月二十七日　夜来吐気。眩暈する。寝ていても、寝ていても、汗をじっとりかく」と書いたあたりから、ずっと床に就いていたのである。彼はそれまで病気というものをしたことがない人間であった。それが、物が食べられないようになるほどになって、長い間、脂汗をかいて寝ていたのだ。私は我が家が医者を呼べるような状態でないことは分かっていたから、母に医者のことは言えず、ただ心配するだけだったのを覚えている。しかしどういう経過をたどったのか、今はもう分からなくなっているが、とにかく父は健康を取り戻し、終戦の頃にようやく起きられるようになった。とはいえ、それはまだ病人の姿だった。だから私が終戦の日を振り返る時、思い浮かぶのは、混乱より病み上がりの父のこの姿のほうである。

ところがある時、と言っても父の没後、ずいぶん経ってだが、私は父の日記の「七月二十七日」という日付に気がつくと、ハッとせざるを得なかった。この日は、日本にポツダム宣言が送られた日ではないか。私は父が「じっとり汗をかいて寝ていた」時、父がポツダム宣言を知っていたかどうか、もう聞けなくなってしまったことを悔んだ。父の性格とすれば、知ったとすれば普通なら、何をさておいても鈴木貫太郎首相に面会に行っただろうと思う。そして鈴木が「黙殺」したポツダム宣言の受諾を求めただろうと思う。言うまでもなく、首相に直ぐに会えるなどということはあり得なかった。殊に国家危急の際、首相には寸刻の余裕も無かっただろう。しかし国家危急だからこそ、父は会わなければならなかった。鈴木首相は、二十年近くも前の父の建言を無視したからこそ、苦境の最中に陥っている。父だけが、それを突くことが出来た。父は、昭和四年には何の伝手もないのに押し掛けたのだし、いま国が滅亡寸前にある時だから、尚更、押し掛ける理由があった――こう私は考えを巡らせたのだが、もうそれ以上は進まなかった。それは、鈴木も父もいなくなって、ふいに私の頭に浮かんだただの幻に過ぎなかった。しかし私には、父の重病が何か運命的なものに思えて仕様がなかった。ポツダム宣言を「黙殺」した鈴木が、もし受諾していたら広島・長崎への原爆も無かったのである。

十月十日、政治犯恩赦の勅令が出され、父の事件もこの中に含まれていた。父は免訴になったのだが、喜ばずに怒った。自分の事件を通じて戦争責任を追及しようとしていたのに、それが出来なくなったからだ。直ちに彼は、免訴取り消しを求める抗議文を送った。もちろん、そんなことが聞き入れられるはずもないのだが、そうせざるを得なかったのである。抗議文では、父の怒りが原稿用紙四十枚ほどのどの部分にも込められている。

「なぜ御審理がまるで成ってないか。はなはだしい落第点であるか。私が裁判長なら直ちに事件の核心に入ります。『放置すれば亡国に至る現状にあるか。あるいは被告一個人の神経過敏の杞憂独断であるか』に畢生渾身《ひっせいこんしん》の力を注ぐのです。この点が真に確立すれば、最早、ほかに調べるべき点はないはずですが、第二段としては、一大臣、一部門の面目を蹂躙しても――私のは公開状でないから、蹂躙とか侮辱とかには当たりませんが――国家を救わねばならぬ、という被告の、いわゆる緊急行為が許されるか否か、被告の行為は正にこれに当るか否か、に向かうを以て普通と致しましょう」

「司法の常態から見て、調べの能力がない事は私には分かっていました。しからば、何ゆえに懲戒裁判を希望したかと言えば、恫喝されて辞表を出すような精神では国が亡びるのです。私は懲戒裁判をもって、亡国罪たる極悪重大犯人の代弁者、代理人と見ていますから、こちらから攻撃したいのが主眼で、ご審理に多きを求める動機は持っていませんでしたが、せめて右の点に一言半句でも触れて貰いたかったのです。もっとも『僕は君と一緒に亡びたくないね』とはおっしゃいましたが、これは単にそれだけのお言葉で、亡びるか亡びないかの論議に一言半句、入ろうともなさらなかったのです。なお余事ですが、国は亡びずに済みましたか。亡びなかったではないか、とおっしゃるのなら、日本は天皇陛下も国民も、豚のごとく生息していれば、亡国ではないのですか」

「次に常人と違う考え方、行動は普通の場合は直ちに病的とも言われますが、世、皆眠っても先覚者は醒めていなければならぬ。常人の考えない考え方を致し、天下万民を救うために非常手段に訴える。これはいやしくも先覚者を以て任じ、為政者側の一員たることを自覚する以上、正にかくあるべき所である。眼が特別に良いために常人には見えない暗礁が見え、積荷を放棄した。この場合、常人に見えないものが見えたのは推賞されて然るべきことであり、見えた以上は非常手段に訴えなければならぬところである。結局、見られた物が、真に国家の滅亡に瀕する状態であったか、それらしき幻であったかに問題の重点があるのです。この点を不明にするから、ああでもない、こうでもない、動機はよいが手段が穏当でない、余人ならともかく、判事としては考慮の余地がある、などと病人の夢のような議論が生じるのです。真に真に危殆《きたい》（註、危険）に瀕すれば、行くべき道は決まっている。その道の中、直言は最小限度のものです。これをなさざるをもって亡国の罪を犯すこと、緊急行為に赴かざる者が殺人罪を犯すがごとしであります」

「私は私を懲戒せんとする当局こそ、亡国罪の大罪を犯したる天人ともに許す能わざる犯人也と確信しています。これは、本件行為当時はもちろん、一木氏、鈴木氏に面接した当時からの確信で、虚名を博せるこれら重臣のお陰で国は滅ぶと痛憤していました。世人もようやく今頃、目が覚めて来たようです。私は時が経つに従って、ますますこの感を深くするのみです。かような輩に国が滅ぼされたのだと、馬鹿馬鹿しさと憤懣に堪えられないのです。そこで私は、法廷において彼等を攻撃したい気持で一杯です。これらの点を正すべき司法部あたりが亡国罪の犯人であって、これを正そうとしないから、私が正さなければ他に人が無いのです」

「私が免訴を喜ぶくらいであったら、つとに辞表を出しています。自己には淡白なるをもって信条とする私が、何故辞表を出さなかったか。世界に亡国の歴史多し。ある亡国史をひもとく者、その亡国に瀕する頃、私のこの度のようなことをやった者があったが、その筋の恫喝を受けておとなしく引き下がった、と知ったら、なぜこの男は所信に邁進しなかったか、もし引き下がらなかったら、万に一つも国が滅びなかったかもしれない、と嘆ずるであろう。後世、子孫にこの嘆きをさせないため、理論上どうしても辞職勧告を拒絶せざるを得ない。必然の理です」

「私は、自身は被告也といえども、判事各位をもって亡国罪犯人の代弁者ないしその一味、配下也とする明白な事実の下に立って亡国罪の実体を白日下にさらし、天下後世を戒めるのです。私から言えば、実質は裁判長と被告と地位転動するのみならず、私の鼓を鳴らして攻めんとする所の罪状は、開闢《かいびゃく》（註、天地の開け始め）以来かつて無き全世界の富と人命をもってするも償うべからざる亡国罪であります。これを正さざればこそ、天地間の正理、影を没するがゆえに、将来、更に国家は転落し、亡国罪に亡国罪を重ねることになります。私のあくまで追及して緩めざるは、今に及んでもなおかつ、亡国罪の進行に終止符を打ち、一日も早く国家再建の道を歩ましめんと欲するに外、ありません」

「前線銃後における無用の犠牲は当局の無為のため引き起こされた殺人罪ゆえ、大罪たるものであり、その件数は国内殺人放火の比ではない。いわんや亡国の罪状においてをや。これらはことごとく司法の無為無能にかかっています。事件の終わった後も追及の手をゆるめない所以は、当局をもって亡国罪の犯人と見るからです。このために心中ありのままに披瀝せざるを得ないのです。無罪たるべきものが免訴になったなどと、区々の論をなすのでは毛頭ありません。むしろ有罪を希望すること、控訴状その他、法廷陳述に徴し、明白でありましょう。止むを得ずご無礼を敢てしたる段、ひとえにご寛典願い上げます」

弁護士から国会議員へ

免訴になったからには、父は判事を続けていけるはずだったが、彼はやめて、弁護士になることに決めた。しかし本当の志は、議会で発言権を持ちたいということで、そのため判事を退官したのであろう。父は昭和二十二年（一九四七年）郷里の愛媛から立候補して自由党代議士となったが、私が知っている父の働きというのは、まったく目立たない問題――衆議院解散問題についてである。

この時の国会は社会、自由、民主の三党が数で拮抗し、それに少数ながら国民協同党もあるという三・五党の不安定なものだった。最初、自由党を除く三党が政権を握ったが、維持に失敗した。そこで自由党が単独少数与党で組閣し、直ちに国会解散しようとしたのだが、新憲法下、最初の解散にどの条文で解散するかの問題が生じた。

新憲法で解散に関する条文は、第七条の天皇の国事行為、つまり無条件解散と、第六十九条の内閣不信任による解散の二つである。自由党内閣は七条の無条件解散ができるとしたが、自由党所属議員の父はできないとする六十九条派である。一方、野党三党は失政の後、すぐ選挙したくないという党利党略から六十九条をとった。マスコミは最高裁がいずれ判断するだろうと言う。しかし占領下、議会に米軍総司令部の意見が入った。そして憲法上、無条件解散に疑義を示した。すると自由党内閣はアッサリこれに従ったのだが、実質的に七条の無条件解散になるように裏で変な工作をしたのである。

その結果、総司令部のお膳立てで、与野党間に四党協定が成立し、野党提出の内閣不信任案を可決成立させることになった。六十九条の野党は、出したくもない不信任案を出すことになった。政府与党は論戦には負けたが、実質をとって望み通りの解散を得た。それを指導するのはアメリカ人である。こうして解散が叫ばれて二カ月後の昭和二十三年（一九四八年）十二月二十四日、いわゆる「なれ合い解散」が行われた。

六十九条派の父はこの時、たった一人、この動きに反対したのだが、後にそれを次のように語った。

「明治憲法の内閣に、国会無条件解散権があるために、東条内閣は解散でもって議員を脅かし、さなきだに骨のない国会議員の骨を抜いてしまい、日本を滅ぼした。かくのごとく解散問題は重要である。

私は昭和二十三年、衆議院に在るとき、自由、民主、社会、国民協同の四党首脳に説いたほか、マッカーサー元帥に長文の法理を展開して、内閣の国会無条件解散をくい止めたと自負する。ただし、内閣は、マッカーサー元帥の威を借り、野党三派を強迫して不信任決議を提出させ、解散の前提を偽造するという日米合作の脱法行為を敢てし、新日本憲政史第一頁を汚した。アメリカ民主主義も大したものではない。日本人自ら、世界の民主、人道の先唱者たる気迫を持ってよい。私は野党首脳に、四党協定破棄の宣言をすべし、と提唱したが、マッカーサー元帥の勢威に恐れ、お話にならぬ」

父は大上段に構えたのだが、それは反党的行動として直ちに報復された。彼は党から公認が得られず、選挙公示後、四日たってようやく立候補した。締め切りまでに間に合ったと言っても、これでは選挙民に本当に選挙で戦う気があるかと疑われるのも当然で、父は自由党が倍増した選挙で、数少ない自由党落選議員となったのである。

私は、父は政治家としては失敗だったと思う。ただし私は今の解散問題での通説には不同意で、父の考えのほうが民主主義として正しいと思っている。そして父は、それが新憲法下での議会での根本問題だからそれを貫かねばならないとした。事実、やり方として各党がアメリカのお膳立てに唯々諾々と従ったのは間違っている。しかし形としては、各党は合法的な格好に仕上げたのだし、どうせ選挙の洗礼を受けるのだから、そんなにこだわるほどの問題ではなかったのである。それより、そんなつまらないことで議席を失うほうが、余程問題だった。そもそも父は新憲法のもとでその理想に燃えていて、その精神で働こうとしたのである。このころ父が書いたものに、「新憲法」という言葉が、驚くほど希望を持って強く現れている。

「明治憲法に無条件解散権があるお陰で、東条内閣は、『内閣の言う通り翼賛せよ。さもなければ解散する』と声明し、さなきだに骨の無い全議員の骨を抜いてしまうこと、従ってまた当然、国を滅ぼすことに成功した。亡国史に一人の人物も無しとはいえ、日本亡国は『無条件解散権、すなわち衆議院下位の思想』の罪である。『戦争の大惨劇のお陰で生まれた〝唯一の成果〟が、新憲法ならびに新憲法精神である』ことを天下挙げて誰も知らぬから、この度は、何時解散が来るかも知れぬとの声に脅えて、選挙の事前運動・国政空白の時代となって現れた」
「明治憲法でも国会は国民の代表であるけれども、主権そのものは国民に無く、天皇が主権者として国会に君臨して、活殺自在に衆議院を解散することができたので、衆議院を天皇すなわち内閣の使用人とさせて無力化した。こうして天皇の名において、内閣が専制政治を行い、国民をこれに隷属させて侵略戦争を起こし、世界人類に惨禍を及ぼし、国家今日の悲境を招いた。かかる大犠牲を払ってかち得た新憲法において、内閣に衆議院の任意解散権ありとするのは、実に狂気の沙汰である」

父は普段「大小を知らず」の批判を口にする人間だったのに、この問題ではまったくその点において失敗したのだから、矢張り父は政治家の資格が無かったのだと言わざるを得ない。

こうして父は政治家として長く止まることの出来ない人間だったのだろうが、一つだけはっきり惜しまれることがある。それは、これほど道理にこだわる人間が、講和条約の論議に加われなかったことである。私は何年も後になって、サンフランシスコ講和条約の文章を見て不思議なことに気付いた。それは「日本国は千島列島に対するすべての権利、権原及び請求権を放棄する」となっている点だ。そして日本政府は後になって、南千島は千島列島でないなどと言う。それなら何で千島列島の放棄を講和条約に書いたのだろうか。これは恐らく、アメリカがソ連との間に結んだヤルタ密約で、アメリカがソ連の対日参戦の報奨として、勝手に日本から千島を奪い取ってソ連に渡すと約束したからであろう。そしてこれが不当なものだということを当時の日本政府も政治家も言えなかったのだろう。しかし父はその頃も、「マッカーサー元帥の威を借り」とか「解散の前提を偽造するという日米合作の脱法行為を敢てし」とか「アメリカ民主主義も大したものではない」とか書いた男である。父が議席を持っていたら不当を許さなかったはずである。

そもそも国際法から言っても、日本は千島列島を放棄する理由は何も無かった。日本はポツダム宣言を受諾して降伏したのだが、ポツダム宣言はカイロ宣言の条項の履行を言い、カイロ宣言は領土不拡大をうたうのだから、日本にとって固有領土の千島列島を放棄するのは不可能のはずだったのである。私は父が議員を続けていても、彼が日本の戦後復興にどれほどの寄与をしたかを言う自信は無いけれども、千島列島は絶対に放棄させなかったと、これは確実に言えるのである。

衆議院の解散問題は、サンフランシスコ講和条約成立後、再び起った。昭和二十七年八月、首相吉田茂は不意を突く形で解散した（抜打ち解散）。これは党内の鳩山派の選挙対策が整わないうちにという全くの党内事情のためで、これに対して、国民民主党議員の苫米地義三が任期終了までの職の確認と歳費の支給を求めて、解散無効の裁判を起こした。しかし最高裁は衆議院解散に高度の政治性を認め、違法の審査は裁判所の権限の外にあるとする「統治行為論」を使用して違法性の判断を回避し、原告の請求を認めなかった。世に苫米地判決と言われる。

この問題で、父も最高裁に衆議院解散の無効確認と、憲法解釈の確立を求める訴状を提出した。

父はもともとこの問題は、第一回衆議院解散のときから自分の問題だとの自負がある。旧憲法の「天皇は衆議院の解散を命ず」は新憲法では捨て去られたのに、新憲法が「首相は衆議院の解散を命ず」の七乗解散であっていいのか、とする絶対的な信念が父にはある。だから歳費がどうのという世の流れも許せなかったのである。

父は法律論の組み立てとして、国会が国権の最高機関であることを盾に取る。衆議院は内閣を作ることができる。その衆議院が内閣によって、任意に壊されるなら、最高機関とはならないではないか。

法律技術論としては、解散には、それがはっきり書いてある条文がなければならないことを挙げる。明治憲法には「天皇は衆議院の解散を命ず」がキチンとあった。

ただしこの裁判には、もう一つ厄介な問題が出て来た。それは、最高裁が憲法の条文解釈に関して判断することができるかどうかの問題である。最高裁は出来ないと言う。父が訴状を提出して二十日程経って、社会党鈴木茂三郎の警察予備隊（註、現自衛隊）の違憲訴訟が却下された。最高裁の理由はこうだった。

「わが裁判所が現行の制度上与えられているのは司法権を行う権限であり、そして司法権が発動するためには、具体的な訴訟事件が提起されることを必要とする。わが裁判所は具体的な訴訟事件が提起されないのに、将来を予想して、憲法及びその他の法律命令等に解釈を下す如き権限を行いうるものではない。最高裁判所は法律命令等に関し、意見審査権を有するが、この権限は、司法権の範囲において行使されるものであり、この点においては最高裁判所と下級裁判所との間に異なるところはない」

そこで問題は、今回の衆議院の解散それ自身の問題というより、最高裁が、特別に憲法解釈の権限を持つかどうかに移ってしまった。憲法の最高裁に関わる条文というのは次のようになっている。

「第八十一条　最高裁判所は、一切の法律、命令、規則または処分が憲法に適合するかしないかを決定する権限を有する終審裁判所である」

この八十一条は、最高裁によると、意味のあるのは終審裁判所という規定だけで、後は修辞の形容詞だと言う。違憲審査権と言っても、それは下級裁判所と同じだと言う。しかし父は、そうではない。そもそも憲法の草案では、八十一条は、はっきり次のように規定されていたのだ、と言う。

「一、最高裁判所は終審裁判所である」

「二、最高裁判所は、一切の法律、命令、規則または処分が憲法に適合するかしないかを決定する権限を有する」

だからこの第二項は決して修辞形容詞ではないし、そもそも憲法をどう解釈するか、決定する機関が無ければ、法律として不完全ではないか、と父は言う。私も父を支持する。最高裁の言うように、第八十一条で最高裁が終審裁判所と規定されているだけとするなら、八十一条など要らない。憲法で言わなくても、最高となっていれば終審だと分かる。そんな分かり切ったものを、わざわざ憲法に書く必要は無いだろう。

法学界に父と同じような意見の人も無いわけではなかった。佐々木惣一京大名誉教授は、父が訴訟を起こした年の秋、文化勲章受賞記念講演で次のように述べた。

「憲法八十一条の規定は、最高裁が、具体的な事件に伴って適用される法律についてよりも、具体的事件と関係なく現に存在している法律そのものの合憲性を決定することを認めたものだ」

「憲法が一般国民のものである以上、国民のだれもが国家的行為そのものの合憲性について、最高裁の決定を求めるための方法がなければいけない」

しかし、これは学界の主流派でないのだろう。最高裁の判事全員がこれに反対した。最高裁の判決は予想通りだった。

「本件訴は、現行法制上認められていない憲法裁判所なるものを想定の上、当裁判所がその憲法裁判所に該当し、しかもその憲法裁判所が所管すべき事案として提起せられたことに帰するのであるが、現行法制上、司法裁判所としてのみ認められている当裁判所においては、かかる訴えは不適法として却下せざるを得ないのである。この判決は裁判官一致の意見によるものである。

最高裁判所大法廷裁判長田中耕太郎」

父は門前払いを食らったのである。

父は代議士として不器用であったが、弁護士としても不器用であった。落選後、代議士として再起する積りで松山に法律事務所を置き、横浜の自宅との間を往復していた。そして議会への復帰が不可能と分かっても長くそのままの生活であり、また後に松山を引き払っても、松山の事件を引きずって、晩年になっても四国への往復を続けていた。

ただし彼は不器用な弁護士と言っても、腕は悪くはなかっただろうと思う。昭和二十四年（一九四九年）、日本がまだ米占領下にあった時、松山の司令官が城の濠を埋めさせようとする事件が起こった。衛生上の観点からというが、市長も市議会もただ司令官の言いなりになって、埋立の予算まで決定したのである。しかし濠は文化財だからと、父は埋立反対の投書を新聞に出したところ、水利組合の農民が大挙して父のところにやって来た。濠の水は彼らの灌漑用水だったのである。そこで父は彼らを引き連れ司令部に行き、米司令官に命令撤回を求めたのだが、最初、司令官は怒り、相手にせず、父を階段の上から突き落とすほどだった。ところが父が「市政に干渉するな」と急所を突くと、司令官は根は良い人だったと見えて態度を改め、最後は「諸君の味方になろう」と変化したという。その後、もちろん父たちは直ちに市長に話しに行き、結局、市議会は一旦通した埋立予算を取り消し、濠は元のままの姿を保つことができたのである。

濠は、もし父が動かなかったら、今頃は味気ない商店街になっていたはずだ。司令官はそれを望んでいたのである。父は晩年、このことを小文「松山城壕を救うの記」にまとめて記録を残したが、その中では「市庁前を最後に解散した農民各位、誰一人その後は訪れてくれる人も無かった」と書いているくらいだから、彼は報酬も貰わなかったのであろう。文字通り父は貧乏弁護士であった。そして城壕の件も、旧藩主で知事だった人が、あれは自分が米軍と交渉して勝ち取った成果だと言い出し、市庁や県庁などもそれを濠の歴史とするようになったという。

しかしここに城の歴史を研究する街の歴史家・高麗博茂《こまひろしげ》氏が現れ、松山城濠に興味を持って、ひとり事実を調べてみた、と言う。高麗氏は、その苗字が語るように、千何百年前、高句麗が滅んだ時、日本へ逃れて来た人たちの子孫で、埼玉・高麗神社に繋がる一家の五十八代という名家で、そのために現役を退いた後、街の歴史家となったのであろう。高麗氏は、父の記録を聞き取り調査などで確かめ、元知事からは城壕問題の経過に関して「その詳細は御尊堂のご調査の通りであろうと存じます」の返信も得た。そこで高麗氏は「松山城壕埋立阻止の記念碑」を建てる運動まで始めて、私は恐縮するばかりだった。碑は水利組合の土地に建てられたが、高麗氏没後、この土地は売られ、碑の銅板だけが残った。すると今度は、父の出身地である愛媛県松前町の町役場が、これを引き受けてくれることになった。現在、碑の銅板は、松前町の文化センターロビーの壁面に掲げられている。有難いことに、これが父の「後世への遺物」となった。

昭和四十七年（一九七二年）五月二十四日の日記には、

「第六回西下、横浜発午後七時五十一分」

という父の記述とともに、

「御元気の事と存じます。敏《びん》がお祝いに二十四日夜来て、一晩泊って帰りました」

という母の手紙が貼ってある。この日は父の七十七回目の誕生日で、私はせめて父の話でも録音しておこうと、出立を知らずに訪れたのである。しかし肝腎の父がいないとあっては、テープレコーダーも空しく持ち帰らざるを得ない。そしてグズグズしたために、録音は結局、半年後になった。

その秋の日、私が用件を言うと、彼は少し照れたような表情だったのを覚えている。

「そうか」

父はちょっと腕を組んでいたが、チャブ台に手をかけると立ち上がった。

「まあ待て」

メモでも持って来るのかと思っていると、そうではなかった。ウイスキーの瓶とグラスを取りに行ったのである。そして彼は過去を振り返った。鈴木貫太郎侍従長への面会、懲戒裁判、石原莞爾への手紙等々――

日が暮れゆく中、彼は正座したまま、身じろぎもせずに語った。せっかく持って来たウイスキーも最初口にしたきり、後は手をつけなかった。そして最後にこう結んだ。

「石原将軍から断りのハガキを貰った時、落胆してしまったが、今にして思えば、なぜ鶴岡へ行ってお目にかからなかったか。お目にかかっとれば、

『貴方はまだ何とか、と思っておられるかも知らんが、今はそんな段階ではないんです。ただ、勝つ、勝つと言った手前、お義理で戦争を続けとるだけです。呑気な事を考えておってはいけま

せん』
という事が分かるんだ。そうすれば、
『ああ、有難うございます』で、直ぐに引返す。そうして——ウーン、天皇陛下にお目にかかっとったろうねえ。何かの方法で。死んどったかも知らんが。非常手段で。人がやるな、と言うても、やらずに居られんたちだから。そうすれば、あんなにならんうちに、原爆で人が十万、二十万と死ぬ前に、戦争は済んどったかも知れん。今度の戦争で死んだのは三百万か。今ではあの時、鶴岡へなぜすぐ飛ばなかったかァー、とこれは十年経って、初めて気がついた。

それから鈴木貫太郎大将、この方は昭和二十四年（一九四九年）に亡くなったから、それまでどうしてお伺いしなかったか。終戦総理として国民から感謝されたが、私は違う意見を持っておった。しかし、恥をかかせたりするのが嫌いな性分だから、お訪ねしなかったが、しておれば、『私が申上げた通りになったでしょう。貴方がたは、あの時に、どうだったんですか。お目にかかって半年経つか経たんうちに、山田先生は亡くなってしまった。それで私も、事、終った、で止めたのですが、あえて山田先生を用いず、私が申上げたことにひらめきを得て、侍従長自ら陛下の御心胆をゆさぶってもよかった。重臣連中に働きかけてもよかった。なぜ御自分だけでも国家国民のために、颯爽の気概を御示しにならなかったのですか。御参考までに私がお伺いした時、閣下の御心境はどうだったんですか』
と後世のためになぜお聞きしておかなかったかァー、とこれも近頃初めて後悔しよる」

父はこう言ったきり、目を閉じて動かなかった。薄暗くなった秋の夕方、テープを止めるスイッチの音をたてるのも遠慮で、空しく回転させていたことを私は覚えている。

「陛下は帝王学について野放しの未就学児童」

昭和四十九年（一九七四年）十月の夜、横浜の家に松山から、父が宿の風呂で倒れて危篤だという電話が入り、それから間もなく死んだという電話が掛かって来た。最初から死んでいたのである。

父は例によって、いつもの宿に泊まっていた。部屋はバス付きだったが、彼は大浴場へ入りに行った。そこで脳卒中を起こしたのである。

宿の父の部屋には、机の上に手紙と書きかけの原稿があった。書きかけの原稿のほうはマジックインク書きのもの。父は目が不自由になって太字のペンでしか書けなくなっていたのである。その最初のページの右肩に「四通（一高）」と書いてあるのは、タイプ印刷して一高同窓会誌『向陵』に投稿する積りだったのであろう。A4用紙一枚の平均字数は百字余り。行が乱れ、誤字、脱字に満ちている。私はこんな乱れた父の原稿を見たことがなかった。脳卒中の前触れが来ていたのではないか、と思わせるものである。

「手記の通り、鈴木侍従長の気合、気位の物足りなさを感じたのであったが、十五年後、名相、名天子として滅亡寸前の日本を救いたるを見れば、私の人物眼も満更のものではなかったことが証明され、昭和四年というずば抜けての早期、私の気合がかかっていたならば、何も戦争しないだけが芸じゃない。世界歴史、空前の名相、名君を生み、気合の所産たる名外交を生みたることが想像される。いたずらなる三百万精霊の犠牲を眺められただけで、陛下は『かくも予言的な進言が、かくも早期に、かつ実際的になされたものなら、なぜ予に伝えざりしぞ』の仰せ、必ずなされたるべし。

昭和十九年三、六月、亡国の空前絶後の大逆臣をもって、東條首相を再度書信、痛撃したるも、当時、見渡す限り、朝野、人物の全くの絶無。プラス当局者たる悲願に出でたるもので、亡国史には一人の人物なきこと、亡国史につきものであるが、史家もこれを知らぬ。名軍師真田幸村が、出城対戦の軍略を妨げたる淀君を処分せざりしを、十三の時より疑問とせる私は、昭和二十年一月、石原莞爾将軍の、東久邇宮殿下に東條処分を進言したるも採用し給わぬを見て、愛想を尽かしたるを聞き、長年の疑問氷解、語るに足る人なり、と長文出盧を懇請したるに『予は相当の自信家なるも、今となっては自信なきにより御断りする』の返事を得た。何とて鶴岡に飛ばざりしぞ。御談を聞き、将軍と無関係の工夫を生じたるべきを、後年痛嘆した。多分、命は失ったであろうが、念頭に来たらば必ずや実行する。私から申さば無意味の犠牲を早く、くい止めただけでも取り柄であった。

山本五十六長官以下、重臣、政界、軍界、官界、あらゆる面、我の居る官制規定を知るだけで、国民の寝かし起こしの地位にある事を知る人は絶無であった。東京裁判、A級戦犯各位が、自白されるところでもあったから、国家国民はせめて、人らしき人の手にすら、かからないであえなき最期を遂げたのである。私の裁判官各位は、部内錚々であるが、この人々も東大精神科教授で、私の頭脳鑑定した内村教授同様、その認識には驚き入った。私との間、雲煙万里の相違であった。私は六十年前、一高校風を見て、この中から天下国家を救う人物、出ずべしとは思わなかった。わが愛する母校に対し、はなはだ失礼であるが、勘は当ったのである。後世のため思い切って書きました。頽齢《たいれい》八十歳。起きるのも懶《ものう》く」

父はここで書きかけのまま、風呂に入ったのであろう。この時、文章にも異常が出ていた。鈴木貫太郎を名相とは一度も言わなかった父が、滅亡寸前の日本を救ったとして、鈴木を名相と書く。これは天皇を名君と書きたかったオソエだろうが、いつもの父ではなかった。原稿の書き出しが「手記の通り」となっているのは、これに未稿の「天皇陛下と山田次朗吉」を添える積りだったのだろう。そして父は、母校、一高に対しても自負を隠さなかった。

一高同窓会への投稿原稿が絶筆になったが、父は死ぬまで同じ確信を抱き続けていた。天皇が、山田次朗吉推挙のことを知ったら、「なぜ早く教えてくなかったか」と、嘆くに違いないと。しかし父がそう思い続けた先の天皇のほうは、もう戦争のことなど、忘れたがっているようだった。

父が死んだ翌年の昭和五十年（一九七五年）天皇は、長年の念願だったアメリカ旅行をした後、例外的に記者会見をすることになった。そこで、天皇がホワイトハウスの晩餐会で、前大戦を「私が深くく悲しみとするあの不幸な戦争」と述べた事についての質問が出たが、天皇の答は意外なものだった。

「そういう言葉のアヤについては、私はそういう文学方面はあまり研究もしていないのでよく分かりませんから、そういう問題についてはお答えができかねます」

質問者は文学について質問したのではなかった。天皇は、戦争について問われることを拒否したのである。しかしそれにしても、天皇が「文学」を持って来るとは。その巧みさは天才的だった。私はこの時、たった一度だけだが、昭和天皇にも卓越した才能があることに驚いた。しかしそれは帝王にふさわしいものではなく、暗い影を宿すものだと思う。

この後、広島の記者が原爆について尋ねた。天皇は三十年前、終戦の詔書で、「敵ハ、新タニ残虐ナル爆弾ヲ使用シテ、シキリニ無辜《むこ》（註、罪のない人）ヲ殺傷シ、惨害ノ及ブトコロ、マコトニ測ルベカラザルニ至ル」と、日本の元首として痛切の心情を訴え、怒りも悲しみも国民と共にした。しかしこの日、天皇は、詔書と全く反対の立場を表明したのである。

「原子爆弾が投下されたことに対しては、遺憾には思っていますが、戦争中であることですから、広島市民に対しては、気の毒ではありますが、やむを得ないことと思っています」

私は驚いた。実に驚いた。背筋が寒くなるような、全く不気味な感じだった、人間でない声を聞いたように思った。氷の心が淡々と語る。

やむを得ない――これは、原爆を投下したアメリカ飛行士の言うことではないか。二週間、アメリカを旅したことによって、天皇の頭から「残虐ナル爆弾」も、「無辜ノ殺傷」も、「測ルベカラザル惨害」も消えてしまったのか。ところが、この日の様子をマスコミは、天皇は「お言葉を選び、懸命にお答えになった」という。やっぱり今も、鞠躬如《きっきゅうじょ》、礼儀三百威儀三千なのである。

しかし、天皇の意外な生の声は、これだけではなかった。独白録の最後で昭和天皇は結論として、「開戦に反対したら日本が滅びると予測したから戦争に踏み切った」と不思議なことを言っている。

「そこで私は、国家、民族の為に私が是なりと信ずる所に依って、事を裁いたのである。今から回顧すると、最初の私の考は正しかった。陸海軍の兵力の極度に弱った終戦の時に於いてすら、無条件降伏に対し『クーデター』様のものが起った訳だから、若し開戦の閣議決定に対し私が『ベトー』（註、拒否）を行ったとしたならば、一体どうであらうか。

日本が多年錬成を積んだ陸海軍の精鋭を持ち乍ら愈々と言ふ時に蹶起をゆるさぬとしたらば、時のたつにつれて、段々石油は無くなって、艦隊は動けなくなる、人造石油を作って之に補給しようとすれば、日本の産業を殆ど全部その犠牲とせねばならぬ、それでは国は亡びる。かくなってからは、無理註文をつけられて無条件降伏となる。

開戦当時に於ける日本の将来の見透しは斯くの如き有様であったのだから、私が若し開戦の決定に対して『ベトー』をしたとしよう。国内は必ず大内乱となり、私の信頼する周囲の者は殺され、私の生命も保証出来ない。それは良いとしても結局凶暴な戦争が展開され、今次の戦争に数倍する悲惨事が行はれ、果ては終戦も出来兼ねる始末となり、日本は亡びる事になったであらうと思ふ」

『昭和天皇独白録』のこの部分、私はこれを普通の精神の人が語ったものとは思えないのだが、これが実に、帝王の衷心からの叫びとなっているのだ。しかし、その述べる事柄は全く支離滅裂である。天皇は言う。

日本軍隊は、物量の圧倒的な差がある外敵に対して、何としても戦おうとする狂った軍隊である。これを戦わせないと、血で血を洗うような内戦になる。内戦とは、天皇派と反乱軍との戦いである。その戦いは凶暴を極め、東京大空襲、広島・長崎原爆の数倍の悲惨事となり、戦いを終えることすらできなくなる。こうして日本は滅びる――昭和天皇はそれを恐れたから、次善の策として外敵に対して宣戦布告をしたのだという。

昭和天皇は、自分に責任が無いということを言うために、ここに聞くに堪えない作り話を語ったとしか思えない。昭和天皇は帝王であったけれども、精神的には全く落ちぶれていたと私は思う。

こうして天皇は、父が望む「国家のため吐血絶息するまでの心力を傾倒する。陛下はこのためにこそあられる」という姿から、まさに対極の位置にいた。父は昭和四年（一九二九年）、鈴木貫太郎侍従長に「甚だ不敬ではありますが、陛下は、帝王学について野放しの未就学児童です」と言った後「陛下に真の帝王学を御伝授しなかったと分かれば、陛下は、後で必ずお恨みになられます」と言ったというが、昭和天皇は、父の考えるような、そんな人ではなかった。建言が伝えられなかった事を恨むどころか、天皇は戦争のことを「言葉のアヤ」は分からないとして、ただ避けたがった。広島の原爆には触れたがらなかった。原爆犠牲者には、彼等がいかに苦しんで死のうとも、いかに苦しんで生死の境をたどったとしても、「戦争だからやむを得ない」とアメリカ人並みの遺憾表明しかしなかった。なるほど実際「陛下は、帝王学について野放しの未就学児童」だった。しかし天皇の記者会見も独白録も知らずにいた父は、死ぬ間際、判断を甘くして、昭和天皇に名君とか名天子とかの言葉を贈ったが、父は間違っていた。ただし彼が、国家は中心より滅ぶ、と言ったのは全く正しい。まさにその通りだったのである。

事実に反する「爆撃に倒れゆく民の上を思ひ……」

さてここで、最初の昭和天皇真筆の問題に戻ろう。そこでの話の中で、私は省いたが朝日新聞の正月の記事には、「病床でも推敲　丹念に歌」と題して、昭和天皇が死去数カ月前の一九八八年（昭和六十三年）秋、病床で和歌を七、八通りに推敲して、それを書いた罫紙を歌の相談役の岡野弘彦氏に届けさせていた、という話も載っていた。その和歌とは、終戦の時の昭和天皇の内省として詠まれた「爆撃に倒れゆく民の上を思ひ　いくさ止めけり身はいかならむとも」である。これには私は、何とも言いようが無いほど引っかかった。そこで私は最初の昭和天皇真筆の問題を取り上げた時に、岡野弘彦氏のことも言わず、辞世の歌とも思われるこの歌にも言及しなかったのである。なぜか。

昭和天皇は東京大空襲の後、焼跡を視察した。昭和二十年（一九四五年）三月十八日、東京大空襲の八日後である。天皇は朝九時に出発して深川地区の富岡八幡宮などを視察。その時の写真は戦後に発表されたが、それは異様な光景というべきであった。全くの焼跡を上等の軍服とピカピカと思われる程の立派な黒色長靴の天皇が胸を張って歩く。後を陸海軍の高官が頭を垂れて従う。焼跡には数え切れないほどの稲叢《いなむら》（註、刈ったままの稲を積み重ねたもの）のようなものがあったという。それらはもちろん焼死体の山である。天皇は十一時に皇居に戻ったのだが、この時、天皇には「爆撃に倒れゆく民の上を思ひ」は無かったのか。三月十日の夜、空襲の猛火に荒れ狂う東京下町に、天皇は胸が裂かれなかったのだろうか。東京下町は、皇居の隣町というほどの近さだ。皇居には火の粉も舞い落ちなかったのだろうか。阿鼻叫喚《あびきょうかん》（註、阿鼻地獄で泣き叫ぶ惨状）の声は皇居までは届かなかったのか。

戦争は、それから半年の長きに亘って続いた。四月には沖縄戦に入り、これは天皇が戦うことを強く望んだ戦闘であったから、「爆撃に倒れゆく民の上を思ひ　いくさ止めけり身はいかならむとも」は全く事実に反するのである。天皇は、三月十日の爆撃には倒れゆく民の上を思わなかった。この頃、断じて「いくさ止めけり」ではなかったのである。だから「身はいかならむとも」など考えもしなかったのだ。ただし全く確実なこと一つ。「そういう言葉のアヤについては、私はそういう文学方面はあまり研究もしていないのでよく分かりませんから」と言った天皇は、死の床にあっては、あくまでも「事実に反する歌」をもって身を守ろうとしたのである。

ところが日本人は天皇に甘いというか、昭和天皇のこの和歌は、昭和天皇の徳を称えるものとして扱われる。例えば東大教授・加藤陽子氏は、著書「昭和天皇と戦争の世紀」で昭和天皇の戦争についての章をこの「爆撃に倒れゆく民の上を思ひ　いくさ止めけり身はいかならむとも」で終えている。しかも恭しく和歌は一行空けて印刷された。これは私が、日本近現代史の第一人者の加藤氏から全く予期しなかったことである。

そして更に加藤氏は、昭和天皇の二十六年間を語る『昭和天皇独白録』について、「天皇は八十七歳という長寿に恵まれた。しかし、その長い生涯の三分の一に満たなかった二十六年間、殊に二十八年の即位後の十七年間の自らの政治的行為を、かくまで気にかけていた、その事実は胸に迫る」と言う。

「胸に迫る」――これが歴史書だろうかと私は疑う。だから私は昭和天皇の真筆について論じた時、「世は学問的に昭和史を語る事が、まだ出来ていないということではないか」と敢て書いたのである。「胸に迫る」では、所氏、保阪氏、半藤氏と同じではないか。

東京大空襲後、戦争で死んだ人は、思い付くものだけをあげても、沖縄戦の民間人十万人、兵士十万人、戦艦大和の三千人、広島・長崎原爆の二十万人、満州開拓民の十数万人、シベリア抑留の六万人と、五十万人を軽く超える。これだけの人が、昭和天皇が「爆撃に倒れゆく民の上を思ひ　いくさ止めけり」でなかったからこそ命を失ったのである。

二〇一九年（平成三十一年、令和元年）という年は、昭和天皇についての資料が思いがけず色々出て来る年となった。正月の天皇真筆の原稿が意外だったのもさることながら、八月には初代宮内庁長官だった田島道治の「拝謁記」というのがＮＨＫから発表された。これは昭和二十四年二月から昭和二十八年十二月までの田島の在職期間中に、六一三回、三三〇時間に亘って交された「拝謁」の記録である。

記録には特に新しいというほどのものは無かったが、会話がその都度、忠実に記録されたのだから、積み重ねると膨大なものになり、それだけでも状況が再現されて、天皇と長官との会話の場が見せられる。

その記録でまず気付くのは、昭和天皇が政治の発言をしようとして、何度も何度も長官に諫められたというメモの多さだ。「そういうことは政治向けのこと故、陛下がご意見をお出しになりません方が宜しいと存じます」「陛下は憲法上厳格に申せば政治外交にご関係になれば憲法違反となります」「新憲法では違反になりますゆえ国事をお憂いになりましても何も遊ばすことは不可能であります」「憲法の手前そんなことは言えません。それは禁句であります」

日本国憲法では第四条に「天皇の権能の限界」として「天皇は、この憲法の定める国事に関する行為のみを行い、国政に関する機能を有しない」とある。「国政に関する機能を有しない」——これが天皇の守るべき「たった一つの規則」であって、その憲法を昭和天皇は、昭和二十一年

（一九四六年）十一月三日に自らの名前の「御名御璽」で公布した。にもかかわらず、それから何年経ってもこの「たった一つの規則」をその御本人は守ることが出来ない。私は真筆問題で昭和天皇の資質を疑ったが、これほど多くの事実をもってそれが示されるとまでは思わなかった。

昭和天皇は戦争責任についても可成り色々述べている。しかしそのキーワードは「下克上」である。下克上とは、地位の下の者が、上の者をしのいで勢力を持つこと。つまり最上位にいる天皇は常に被害者だということだ。これが「戦争責任」であって、そのキーワード「下克上」を使って昭和天皇は次のように言う。

「(戦争の原因は）考えれば下克上を早く根絶しなかったからだ。田中内閣の時に張作霖爆殺を厳罰にすればよかったのだ」

「東条が、唯一の陸軍を押さえ得る人間と思って内閣を作らせたのだ。もちろん見込み違いしたと言えばその通りだが、東条内閣の時は、既に病が進んで最早どうすることも出来ぬということになっていた」

「終戦で戦争を止める位なら宣戦前か、あるいはもっと早く止めることが出来なかったかというような疑いを退位論者でなくとも疑問は持つと思うし、また首相を変えることは大権で出来ることゆえ、なぜしなかったかと疑う向きもあると思うが、事の実際としては下克上でとても出来るものではなかった」

しかしそう言う昭和天皇自身、「下克上」である満州事変について、軍は良くやったと褒めたのである。そして下克上が進んで東条内閣になった時は、「事の実際としては下克上でとても出来るものではなかった」とサラッと言う。私は、「国家のため吐血絶息するまでの心力を傾倒する。陛下はこのためにこそあられる」と言った父が本当に気の毒になった。昭和天皇の再教育なんかは、真心影流第十五代、山田次朗吉をもってしても決して成功しなかっただろう。

昭和天皇は、サンフランシスコ講和条約締結、国交回復記念式典の式辞にしきりに戦争の反省について述べたがった。しかしそれは戦争責任の原点を「下克上」に帰するものである。天皇は言う。

「私は反省というのは、私にも沢山あると言えばある」「私は反省という文字をどうしても入れねばと思う」「軍も政府も国民もすべて、下克上とか、軍部の専横を見逃すとか、皆反省すれば悪いことがあるから、それらを皆反省して、繰り返したくないものだという意味も今度の言うことの中にうまく書いて欲しいと思う」

天皇は反省と言いながら、終戦直後、東久邇宮内閣が、一億総懺悔を言い出したのと同じことをしようとしたのである。ただし、この「反省」は吉田首相の反対で取りやめになった。

そういう昭和天皇は、どう考えても昭和十六年にハル・ノートを突きつけられた時、それを受諾して退位すべきだった。私は、昭和十六年に昭和天皇が退位して、皇太子即位で平成元年となり、それからずっと平成の時代が続いて、今年（二〇二〇年）、平成八十年で令和元年になったとしたら、日本国民も世界の人々もどんなに幸福だったかと思う。三百万人の日本人は死なずに済んだ。二千万人のアジア人も死なずに済んだ。朝鮮は南北に分裂されずに済んだ。歴史を読む時、こういうことを日本人は常に頭に置くべきだと思う。

満州事変の前年に生まれ、「国家は中心より滅ぶ」と言って一生を終えた男を父に持つ私は、つくづくそう思う。昭和は、何としても昭和十六年で終わるべきだった。「昭和十六年、日本はハル・ノートを受諾すべきだった」――昭和史を語る時、これ以上的確に語る言葉は無いと私は思う

第三章 「一つの文化」道理主義

オトナたちの変身、時代に左右されない学問とは?

一九四五年（昭和二十年）前大戦が終った時、私は中学三年の十四歳だったが、私と同じ年頃の人間には、性格的に共通の特徴がある。それはオトナが信用できない、というもので、同世代の人の書いたものを見ていると、オヤ、この人がと驚くほど、それが強く述べられている。例えば俳優の仲代達矢氏だ。

『『人間って信じられない。特にオトナは信じられない。体制によってコロコロ変わるんだ』と、本当に思いましたね」

亡くなった指揮者の岩城宏之氏は更に烈しい。

「心の底からオトナ不信になった。オトナはウソツキだ。オトナどもが無茶苦茶な戦争をやり、ボロボロに負けて、日本をこんな貧乏で悲惨な国にしたのだ。絶対にぼくはあのオトナになるまいと、かたく決心した」

これは学校の教師が「鬼畜米英を撃滅せよ」から「米英を民主主義のお手本に」へと、コロッと変わったのを受けての言葉である。実際そういう変貌は、ひどいものだった。具体例の文章を一つ挙げる。その文章の筆者は小説家で、文藝春秋を作った菊池寛。彼は『文藝春秋』の昭和二十年二月号の連載「其心記」に次のように書いた。

「東京への空襲は続いている。地方などでは、それについてデマなどが行われ、東京の人心はどんなだろうかと心配しているらしいが、今の程度の空襲は、ただウルサイ程度で、恐怖などとは、遥かに遠いものである。人命の被害なども極めて軽微であるし、また今の程度の火災では、東京が焼野原になるのは、数十年を要するだろう。自分なども、地方に旅行しているときより、東京にいる方がずっと安心していられる。これは、ラジオなどで、想像しているよりも、実際が何でもない証拠であろう。また、敵の基地がマリアナ（サイパン島）である限り、ルーズベルトがいくら豪語しても、その強化には自ずから限界があり、知れたものである。

空襲を必要以上に恐がる人は、やはり航空に関する知識がないからである。千機二千機となれば、また話は別だが、少数機の場合など、恐るるには当らないのである、空襲に対するわれわれの心構えは、贍大小心で、あらゆる注意と準備を整えた上で、度胸をすえていることだ」

しかし菊池のこの予言は全く外れて、雑誌が出たのと同じ頃、三月十日には東京大空襲があって十万人が焼き殺され、東京の下町は一面の焼野原となった。八月十五日に日本は降伏。その後、文藝春秋は早くも十月に戦後第一号の『文藝春秋』を出したのだが、終戦から一月も経たない時の執筆というのに、菊池はコロッと変って「其心記」には次のように書いた。

「日本人は強権に服従し易いのである。戦場では強いが、軍部や官権に対してはごく弱いのである。日本人は軍国主義に追随したのではない。誰も戦争を欲しなかったのであるが、強権に抗しられないで戦争に引きづられてしまったのである。官権というものを、徹底的に打破する必要がある。

僕が、鳩山一郎さんの新自由党に参加すると言うことが新聞に出ていた。まだ確定している話ではないが、しかし国民の良識と理性とを代表する文化人や知識階級が、今まで政治に無関心であったと言うことも、今度のような悲運をもたらした一つの原因であると痛感される」

半年前、進んで軍国主義の旗を振った彼が、今度は自分は新時代の旗手だという。

私の世代は、このような変革の中で、人生の針路を決めることになった。進学をどうするか。当時の学制はまだ旧学制で、中学は五年、その上に旧制高校がある。もっとも中学四年終了でも、飛び級のように高等学校の試験は受けられた。高校は文科と理科に分かれる。そこで戦後間もなく私たちは、勤労動員で働かされた後の乏しい学力をもって、文科理科のどちらを選ぶかを決めねばならない立場に置かれた。もちろんその選択自体には学力が直接関係するわけではない。自分の好みで決めるだけの問題である。そして将来のことと言えば、私にとっては子供の時からずっと、法科に入って役人になるのが当り前のはずだった。考えてもせいぜい、父が判事で、司法官というのがくすんで見えたから、行政官のほうが良さそうに思ったぐらいだったのである。

戦争が無ければ私は疑いもなく、この平穏無事のコースを進んでいたはずである。しかしそこに、戦争が大きくのしかかって来て、特に私の家では戦争が特別な意味を持つようになった。既に述べたように、横浜地方裁判所に勤めていた父は、東条首相に批判の手紙を送ったかどで問われ、戦争末期は大審院（今の最高裁）で裁判を受ける身だったのである。そして終戦、体制の大変革となった。私も仲代達矢氏や岩城宏之氏と同様、オトナ不信だったが、そのオトナの中には父は含まれない。つまり私は、変革の中で安心できる幸運に恵まれたはずであった。ところが実は逆に、私は自分の針路を決定するにあたって、他の人たちと違った不安を覚える羽目になった。それは、父のしたことが余りに特別だったから、自分がオトナだったら父のように振舞えるかという不安である。

当時、私は父が何で東条首相を批判するようになったのか、見当もつかなかった。周りには、時代に逆らうような人は一人もいなかった。そして私は、自分に父のような見識が生じるとは思えなかった。となると自分も「体制によってコロコロ変わる」オトナになるだろう。私はそういう人を一杯見ているから、そこへ陥る恐ろしさが肌で感じられた。しかもその上、それを別な特別な形で知ることにもなった。私は横浜に住んでいたから、そこで行われたＢＣ級戦犯裁判を身近に知ったが、戦犯になった人たちの多くは、ただ上官の命令を忠実に実行しただけだという。しかし時代が変わると、それも罪に問われる。私は、時代が変わって言い訳をするようになりたくないと切に思ったのである。

では時代が変わり、体制が変わっても、価値が変らない仕事は何か。それは科学技術の仕事だ。その頃、敗戦の原因の中に日米の科学技術力の差が盛んに語られていた。科学技術とまるで関係のなさそうな人たちまで、日本は科学技術で負けたんだと言い、原爆がその象徴的なものだった。

われわれの窺い知ることとの出来ないものがアメリカでは作られる。この落差の大きさ。そこでオトナは若者に向かって科学立国を唱えた。当時のオトナたちは、そのくらいしか出来なかったのかも知れない。そして私は、それに影響された一人だったのである。

一九四七年（昭和二十二年）、私も四年終了で旧制高校の試験を受けてアッサリ落とされたのだが、私が一高理科甲類というのに願書を出した時、友達は皆あきれた。そのくらい私は文系の人間だったのである。理科甲類というのは理学部、工学部に繋がる学科であり、そんな学科を選んで、私も内心実は不安を持っていた。こんな選び方をして、それで一生続けられるか。もし途中でどうしても嫌になったらどうするか。私は、授業科目の中での好き嫌いで選んだというより、そうすべきだと、当為《とうい》（註、「そうあるべきである」として要求されること）の気持で動かされたから、その不自然さに我ながら不安だったのである。実際、一高理科でふるい落とされてから文科の試験問題を見ると易しかった。

それでも矢張り、理科の学問が立派な学問だと思う気持は、変らなかった。私はこの頃、たまたま入手した高木貞治『近世数学史談』に感銘を受けていた。この本は最近、岩波文庫に入れられた名著である。私はもちろん、拾い読みしか出来なかったのだが、こういう学問があることに驚いた。それは文科系の学問と違った明晰さ、強靭さを持つ。そして、そういった分野に進学するのが、私の倫理観に一致することも、この時、私は確かに感じたのである。

一九四八年（昭和二十三年）は学制改正で最後の旧制高校入試の年となった。この年、合格しても旧制高校在学は一年だけで、翌年また新制大学を受験しなければならない。落ちた場合は自動的に新制高校三年生となって、翌年、同様に新制大学が受験できる。だから旧制高校入試に受かっても落ちても、修学年数に関しては得も損もしない。そんな最後の入試に、私はやはり前年と同じ志望をして、今度は入ることができて理科生となったのである。

当時、私は理科に非常に大きな期待をもって入学した。これで、あの無様なオトナたちのようにはならないと一安心だ。私は無謬でありたいと望み、理科生になって科学の立場に身を置けば、科学の精神が養われ、透明な心で世界が見えて来ると考えた。そして世の中のことについて、明晰に語ることが出来るようになると期待した。私は、自分が年を取れば、自然と父のような見解が持てるとは思わなかったが、時代に左右されない理科の勉強によって、それが自動的に身についてくると考えたのである。こうして方法論で合理的なら、思考の内容も合理的になるはずだと単純な頭は考えた。一高定員は文科二〇〇人、理科二〇〇人だが、合計四〇〇人のうち、こんなことを第一目的として入学して来た者は、恐らく私一人だけだっただろう。

しかし、この期待のもとに臨んだ授業には、最初からまず戸惑いを覚えた。数学の授業にやって来た若い講師は、数の話を自然数からやるという。あの 1,2,3,……の最もよく知られた数である。そして彼はペアノの公理というのを黒板に書き始めた。

「公理一、1は自然数である。

公理二、各自然数 x にはその次の自然数 x' が一つしかも只一つある。

公理三、xを自然数とすればx'は1ではない。
公理四、x'＝y'ならばx＝y。
公理五、Mが自然数の集合で、（1）Mは1を含む。（2）Mがxを含むならば、またx'をも含むとする。その時Mはすべての自然数を含む」

私は驚いた。これが数学の学問か。なるほど論理だ。だがあの1,2,3,……の直感的な自然数の姿が失われてしまった。身動きならなくなった。しかし私は最初、このいかにも学問的に書かれた公理を教えられたことに誇りを持った。それは若者の知的虚栄心というものだろうか、何か高級になったような感じがしたのである。それでも実際、自分にできることと言えば、ペアノの公理を丸呑みに頭に取り入れることだけだった。そして内心、矢張りかすかな不安を持った。丸呑みは不消化だし、この後、出て来た知識もまた身動きならないように見えたからだ。それらを次々と取り込んで行かねばならない。精神が縛られ、段々と委縮するのではないか。

それに比べて語学ではまるで様子が違って、そこでは、これまでと繋がった、しかも新しい世界へと導かれた。ドイツ語の教授は発音の練習にと、ハイネの「麗しき五月、イム・ブンダーシェーネン・モーナト・マイ　Im wunderschoenen Monat Mai」を教えてくれる。ここには論理は無い。しかし世界が開けている。麗しい世界を見せてもらえる。

数学の最初の授業の違和感は予想外だったが、私にとって理科の勉強というのは、矢張り恐れていたような展開だった。確実な知識を次々と頭に取り込んで行く。そこには語学の勉強の時のような心地よさが感じられなかった。しかし私は高木貞治『近世数学史談』で受けた学問に対する尊敬を忘れたのではない。ガウスもアーベルもガロアも神様だと思う。ただそれが今の勉強を鼓舞しない。目前の勉強はむしろ味気なく思える。なぜか。

若い講師の教え方が親切でなかったのは事実だ。確かにあのペアノの公理は、自然数の2が1の2倍、3が1の3倍というような大きさの関係は言わない。しかし1,2,3,……という数の順序を正確に語る公理である。この公理のために、自然数の並びが途中途切れることなく、枝分かれすることなく、急にループのようにグルグル回り出すことなく、無限に進んで行くのだ。五つの公理がそれを過不足なく語っている。後で知ったのだがこれを可付番と言い、また色々な集合の中でも自然数と1対1の対応がつけられる集合を可付番集合と言うぐらいだから、ペアノの公理は基本的な話だったのである。しかし講師はそんな説明をせずに、ただコマギレの知識としてしか教えてくれなかった。そして、それより大きな問題として出て来たのは、矢張り私が理科好きでないのに理科生となったことだ。ペアノの公理は私には程度が高過ぎてなじめず、私は入って行こうとせず、そこに含まれているものを探り出そうとしなかった。こうして不消化は尾を引いていった。

この後も、何だか縛られるような感じは続いた。教えられるのは、随分堅苦しい知識に思えた。微積分の入門だったら、われわれはもう中学で済ませてきた。しかしそれではいけないと、やり直しをさせられる。そうなると、ペアノの公理の時と同じで私は縮こまった。授業は、これも名著の高木貞治著『解析概論』通りの講義だった。これは旧制大学の数学科新入生への講義で、私にはレベルが高過ぎたが、そう思うのは理科が本当に好きでないためか、学力不足のためか、何れにしても私は、両方ともに疾しさを覚えた。私の精神は委縮した。こんな委縮した精神では入学時の目標の、正しい見識の持主になんかなることなんか、出来ないと思う。

とは言え、学生生活はやはり快適だった。それはまず若さの特権である。そして環境も戦後の貧しい時代にもかかわらず、恵まれていた。校舎は時計台のある赤レンガで、全寮制の寮は各十人ほどの自習室と寝室に分かれ、ベッドが使われた。私の中学は戦災で焼失して、徴用工の宿舎だったところを仮住まいにしていたから、まるで別世界に移ったようだった。春、ちょうど沈丁花《ジンチョウゲ》が咲き乱れ、入ったばかりの学園を彩る。朝起きると、寮の窓の外、遠くの方から子供たちの声が聞こえて来た。それは一高の敷地内にある古い建物からで、そこは、戦災で校舎が無くなった小学校の仮校舎になっているという。子供たちに比べても、そのくらい私たちは恵まれていた。だから学生生活が楽しくないはずはなかったのである。

寮の中では文科生のほうが、のびのびとしているように見えた。彼等は議論に長けてリードする。彼等は、社会に対する自分といったものを持ちつつある。私にはそれがない。この差が出るとすれば、教えられるものの差か。理科の勉強をして、自分にないそれが出てくるとは思えない。理科の勉強では枠を囲んで、話はそこでの問題に限られる。それ以外に勉強の仕様はないが、それが理科の学問の本質だろう。それに慣らされ、それが理系の人間の性格となるのではないかと私は思った。そして私は、それに慣らされた人のことを考えた。先輩の科学者たちだ。私はその時始めて、その科学者たちも、あのオトナだと気付いたのである。彼等も、あのコロコロ変るオトナの連中ではないか。

するると彼等の戦時中のことが私の頭に浮かび上がってきた。彼等も国が亡びるのに何も言わなかったではないか。一瞬のうちに私は彼等と父とを比較して、科学者が物足りない存在になって来た。父は身をもって国の危機を首相に訴えた。科学技術者でそうした人のことを私は聞かない。もちろん科学者でない人も発言しなかった。だから科学者が特別なわけではないのだが、科学者は道理の学問に日々従事しているから、彼等には無益な戦争をしていることぐらいは分かっただろう。それなら何故その非道を突かなかったか。

そしてまた私が単純に、時代によって価値の変らない学問を学ぶことによって、謬りのない見識が得られると期待したことが、全く根も葉もないことと悟ることになった。戦時の科学者全員、謬りのない見識など持ってなかったではないか。私には、科学というのは、コマギレの知識を積み重ねて、部分の枠に閉ざされた学問を打ち立てることに思える。そこからは全体への視野は得られないだろう。部分を超えてのものは、何も見えて来ないだろう。私が透明な心で見たいと思っていた世界とは、政治、社会、人間だった。私は期待し過ぎていたのだ。私は間違っていた。科学の研究者は、余計な何も見ないのが習慣だから、彼等が戦時中、国が亡びるのを黙って見ていたのも当り前だと思う。

私は科学者が戦時中、当然のことながら軍事研究をしていたことを知った。そして彼等が戦後、それはそれで結構面白かった、とアッケラカンとしている事も知った。科学は時代の侍女ではないか。私は、科学を時代によって価値の変らないものとして、それを自分の出発点としたが、単純に考えすぎた。私は甘過ぎた。科学はこの時、私にとって、そこに籍を置いているからというだけで、安心していられる場所ではなくなった。ちっとも戦争批判のしっかりした足場なんかにならない。私は見過ごしていた。あるいは見誤っていたのだ。私の足もとはゆらいだ。

私は科学者全体に対して尊敬の念を持って見られなくなったので、当然のことながら、疑いの視線は優秀な学者や自分の先生方にも向けられた。その立派な人々を私は尊敬できなくなったのである。そして、ここで唐突だが、ノーベル物理学賞を貰った益川敏英さんの言葉を私は思い出す。それは研究への駆動力を語るものである。

「まず憧れだと思うんです。で、まあ有名な人、例えばアインシュタインでも湯川さんでもいいけど、そういう人に憧れる。そうすると憧れたことによって近付こうとしますね。だからその周辺のことをもっと深く知りたいと思って勉強ができる。で、その次は、僕は最終的にはロマンだと思うんだけれど、それは始め、スタートラインはドンキホーテだと思う。で、一番最初の自分が憧れたものに対して近付いて行く行為は、まさにドンキホーテだと思うんです。しかし、こっちにぶっつかりあっちにぶっつかりしているうちに段々段々まともな基地に近付いて行く。研究者に近付いて行く。だから僕は憧れとロマンだと言うのです」

これは極めて適切に語られた若者へのアドバイスだが、私は若者としてのスタートの時に、まさにその逆のことをしていたのだ。私にとって先生や偉い学者は憧れでなくなったから、ロマンは失われた。そして先生方を尊敬できないとはいえ、学問での勝負が先生方とできるはずがない。こちらは怠け学生に過ぎず、私は心中、矛盾で袋小路に閉じ込められるだけだった。

それだけ科学に違和感をもったなら文科に変ればいいじゃないか、となるが、私もそれは何度か考えた。実際、理系から文系に変るチャンスはいくらもあったし、新制大学に移る時などは絶好の機会だった。事実、理科から文科に変った同期生は、どういう訳かこの時、非常に多かった。しかし私は我慢した。私には理科生であることが道義の問題だったから、文科に変ることは、敵前逃亡のように思えたのである。私は思った――正しいと思って科学に身を置いたのに、その拠りどころを捨てることは、時代によって身の処し方を変えた世の人々と同じになるではないかと。あのオトナだ。そしてそもそも、私にとって、時代によって価値を変える文科の学問は、自分の依って立つ基盤にはならないのだ。旧憲法も治安維持法も捨てられたではないか。

新制大学発足に際し、教養が強調された。明治以来、大学は専門家としての教育をほどこしたが、人間としての教育をしなかったので、戦争を止めることが出来なかったのではないか、それを充実する必要がある、と考えられたのだ。旧学制では高校生活が教養の役割を担っていたが、新制大学教養課程ではカリキュラムにそれが強調して取り入れられることになった。そのため一高のキャンパスが拡張されて東大教養学部となった。私たちも試験を受けてだが、ほぼ全員が東大教養学部に進んだ。

新制東大発足の年は準備が整わなくて、入試は遅く初夏に行われ、入学式だけで夏休みに入った。私は一高の理科甲類に対応する理科一類というのに入ったのだが、教養の強調された入学当時の、私の夏休みの手帳を見ると、努力すべき教科として、数学、英独仏語が書いてあるのはまあいいとしても、興味のある選択科目として、何と漢文、哲学、文学とある。私は、私の年代の人間としても稀なことに、子供のとき、漢文の素読の教育を少し受けたから、漢文に親近感は持っていたが、選択科目の掲示を見て、一挙に昔の気分に戻ったと見える。手帳に物理、化学の文字は一つもない。まさに理科に迷い込んだ文科生だったのだ。

スノーの「二つの文化」

こうして、私は迷い込んだまま心に傷を持って、結局、他に行きようがないまま自然科学者となったのだが、矢張り落ち着きたかった。私が落ち着くために必要なのは、自分がハズレでなく、何か大きな目標の中に自分が組み込まれている、と安心できることである。そして自分が社会のいろいろな分野と連携している、と感ずることである。さらには時の変転によって変節し易い、と私が足蹴にした文科系の分野――それは私にとって懐しい分野だったのだが――と調和することである。そして最も根本的には、科学は何か部分的な感じがすると、私が思わなくなることである。戦争の問題一般を考える上で、科学こそ一番の足場だ、と思うことである。

うんと後になってだが、私はＣ・Ｐ・スノーが文科と理科の問題を「二つの文化」という言葉で取り上げているのを知って、同じ傾向の人間がいることに安心を覚えた。Ｃ・Ｐ・スノーはイギリス人で出身は物理学者だが小説家になり、その間、科学行政にも携わったという経歴の持主である。そのために彼は小説家にも科学者にも広い交友関係を持つようになり、同時に違和感も覚えるようになったという。小説家のグループと、科学者のグループとは互いに全く関心を持とうとしないからだ。前者のグループ、それをスノーは文学的知識人というが、彼等は伝統的な文化に閉じ籠り、一方、科学者たちは楽天的に科学のみに興味を示し、それぞれ別々の文化の中にいる。それを「二つの文化」とスノーが名付けたのだが、彼自身は二つにまたがって生きているので、互いの孤立が問題だと気付いたのである。スノーは文学的知識人が熱力学第二法則を知らず、知ろうともしないことにも、また科学者がディケンズをろくに理解しようともしないことにも、共に不満なのである。そこで彼は解決策として、余りにも専門化し過ぎているイギリスの教育を再検討するよう提案している。

スノーが問題点を「二つの文化」という卓抜な造語で世に示したのは評価するとしても、私は彼の結論にまで同意することは出来なかった。イギリスの教育はむしろ成功していると見られているが、これを余りに専門化し過ぎているとして、その緩和のために色々な知識を供給することのみ考えたら、キリがなかろうと思われるからだ。彼が熱力学第二法則にもディケンズにも愛着を示し、普遍的なものにしようとするのは、私が昔、科学の知識を押し込まれて、自分が自分でなくなるように覚えたことの裏返しのようなもので、個人的なセンチメンタルな問題に過ぎないだろう。本質はそういう個々の知識の問題ではない。私は問題提起でスノーに共感を覚えたがそれ以上ではなかった。

それではどう考えるというのか。「二つの文化」が孤立しているということは、互いに共通の目的に向かっている認識が無い、ということだ。しかし、そもそも我々は自然から理性を与えられていて、それをもって外に立ち向かうというところから出発した。だから科学といい、文学といい、対象が違うだけだ。私は、スノーが知識の領域をどんどん拡げるのを見て、問題はそういう分量のことではなく、やはり精神が本質だと気付いたのである。

文化は、対象が小さなものであれ、大きいものであれ、そこに同じ精神が働いて築き上げられてゆく。私にはこれまで科学の問題は、部分であることが目立つように思われ、それを嘆いていたが、精神の問題として捉えると、全ては、共通の精神が分担し合って成立つ部分部分であった。分野が違うだけであって、共通の精神があることを我々は自覚しなさ過ぎる。大事なのはこの精神の自覚だ。だから文科、理科とこだわる程のこともなく、何をやってもいい。好きな事をやればいいだろう。そしてこの共通の精神さえ失わなければ、大事な時にはこの精神を強く思うから、あの戦争をすることも無かったし、まして意味のなくなった戦争を何時までも継続することは無かったと思う。私が、科学に求めていた足場はこれだ。精神の自覚。真実を求める心だ。透明な心——。私はこのように思うと長い間押さえつけられていた気分が解放されたように思った。しばらくして私は自分の考えたことが、西田幾多郎『善の研究』に影響されただけのものであることに気がついた。西田はこの本の最後に「知と愛」と題する小さな章を設け、知と愛とが同一の精神作用であると述べている。知も愛も主客合一。数千年来の学問の進歩の歴史は、我々が主観を棄て、客観に従い来った道筋を示したものであり、我々が物を愛するというのは、自己を棄てて他に一致することであるという。西田は対象の表れの多様性より、その精神に一致性を見出したのである。私は西田の手のひらに乗っただけだったのだ。しかし私は自分自身の立場を得た。それを私はスノーにならって「一つの文化」と言おうか。

私は段々心の平静を取り戻したが、迷った揚句だったから、つい考える事が多くなった。スタートの時のボタンの掛け違いから苦労したな、と思う。では後悔しているかというと、そうは思わない。私は科学に違和感を感じた人間として出発をしたことによって、根っから科学好きの人が特に意識することもない科学の精神に気付かされたと思う。また私が気楽に文系に進んだら、科学と文学の問題なんか考えることもなく、たとえ考えたとしても、そんなに切実でないから常識的な見解で終って、「一つの文化」に到達しなかっただろうと思う。だから戦争の反省と結びついた答えに至らなかっただろう。戦争の問題には誰かが本気でぶつからなくてはならないのだ。私は父の影響から、私の世代にあまねく広がっていたオトナの変節に対する不信を、鋭い形で受取って考えざるを得ない立場にあった。それなら私は、その立場から発言しなければならない。それはその時代を生きた者としての歴史的責任である。

では私は「一つの文化」を今どのように説明するか。文化とは、そもそも発生からして「一つの文化」なのである。ヒトが人間の知能を持って文化を作り上げていく。ヒトとヒトとの間の意志の伝達、秩序の形成、社会の形成などは、ルールを守ること、約束を守ることによってのみ成立つ。文化の発生には、道理の尊重が欠かせない。そして自然は、世界が道理で成立っていることを教えてくれる。その教えに従って生きて来た人類は、事実と道理を尊重する文化を全く素直に自然に作るようになっているのである。

人の社会はこういう流れだったから、ニュートンが十七、八世紀に出て来て科学の凄さを世に示した時、思想界はそれを歓迎して好意的だった。ニュートンと同時代で、イギリスの経験を重視する学派、経験論のロックは、自由主義を最初に唱えた思想家として知られるが、彼の著作『人間知性論』には、ニュートンやボイル（註、ボイルーシャールの法則で知られるボイル）に対する敬意が実に気持よく込められている。また少し後の時代になるが、カントの最初の関心は自然学であり、彼の研究は、ニュートンの宇宙論の考察に向っていた。彼の最初の著作は『天界の一般自然史と理論』である。

ところでニュートンの時代は、科学者というのは全く僅かだったが、今はどうだろう。庶民の科学者と言うべき大量の研究者が大量の論文を発表する。これらは全て、同一の思想に根ざす動きである。となると、科学者というのは思想の大集団のはずで、暗黙のうちに、この思想が現代社会の底流になっているのだから、ここではっきりこの思想を認識しておいた方が良い。それは、事実と論理尊重の道理主義である。道理主義などというと、いかにも素人っぽいもののようだが、事実と論理の尊重という最も基本的なことに根ざすのだから、人は実に、道理主義によって道を誤らずに済むのである。それを知るために、今ここで道理主義を例えば民主主義と比べてみようか。民主主義は、個人の思想を重んじるという点ではいいのだが、人気取りになり易い危険がある。その例として、ドイツのワイマール憲法下でヒトラーが人気取りに成功して、合法的に選挙を繰り返して独裁国家を作った例が挙げられるが、これが道理主義主導だったら、道理に従うことが主義だから、社会は必然的に人気取りを正す方へと向うはずである。

道理主義は、事実と道理で自動的に進められるものだから、自然に進行する。こうして自然科学の研究は妨げられることなく、困難を乗り越えて優れた薬なども開発されて、人類はその恩恵に浴することが出来た。しかしこれに不当にブレーキがかけられたらどうだろう。文系の学問はそういうことを抵抗無くやることがある。統治行為論を天下り的に出して、議論をさせないことなどだ。一方、理系の学問ではブレーキではなく、困った方向に促進させられるという問題がある。大量殺人兵器の研究などだ。私は、こういう問題こそ「一つの文化」でなければならないと思う。これが、私が「一つの文化」を説く理由の一つである。ただしこの問題は、いま語るべき範囲のものではない。いま私がしなければならないのは、この道理主義をもって、これまで論じて来た課題である戦争と平和についての議論を進めることである。

第四章　前大戦の反省――道理に徹する平和論

社会科教科書『あたらしい憲法のはなし』の限界

日本は前大戦で敗戦国となった当初、模範的な平和国家だった。新憲法に戦争放棄や非武装が明記されたことに国民は驚いたけれども、直ぐにこれを歓迎した。疲弊のどん底にあった国民は、再び戦うことなど、全く欲しなかったのである。

戦争が終って復員兵士たちは、戦地から悲惨さを背負って疲れ切って戻り、生きて帰ったのが不思議だと言う。その復員兵を迎える家族はといえば、住む家もなく餓えに苦しんでいる。働く場所は無い。戦争末期、命を捧げて祖国を救おうとした特攻兵たちは、戦後、現実を知って怒り、特攻崩れとなった。彼等は街で暴れ、その街には戦争浮浪児がさまよう。人は闇米を求め、交換のための僅かな衣類を持って買い出しに出掛け、同じく闇米に頼らざるを得ない警官がその取締りに当る。社会は崩壊しそうな状態で細々と形を保ち続けていた。人々が考えるのは今日一日のことだけだ。誰も生きるのに精一杯だったから、ついこの間まで戦っていたのに、今となっては戦争は、ただ呪うばかりのものとなった。もう二度と戦争したくない。これが国民の率直な気持だったから、皆、憲法で戦争放棄したのを喜び、戦争放棄の新憲法をそのまま、ただ歓迎したのである。

こうして戦争直後の日本社会は、積極的な反省とまではいかなくても、「戦争は二度としたくない」では一致していたから、場合によっては人々の当時の気持は、今日まで正確に伝えられている。それを示す一つの例が、昭和二十二年（一九四七年）文部省発行の中学一年用の社会科教科書『あたらしい憲法のはなし』だが、この本は当時、武力放棄の新憲法を率直に語ったとして評判になった教科書である。日本の方向は、最初非常にきちんと定まっていたのである。

「皆さんの中には、今度の戰爭に、お父さんや兄さんを送り出された人も多いでしょう。ご無事にお帰りになったでしょうか。それともとうとうお帰りにならなかったでしょうか。また、空襲で、家や、家の人を、失くされた人も多いでしょう。今やっと戰爭は終りました。二度とこんな恐ろしい、悲しい思いをしたくないと思いませんか。こんな戰爭をして、日本の國はどんな利益があったでしょうか。何もありません。ただ、恐ろしい、悲しいことが、沢山起こっただけではありませんか。戰爭は人間を滅ぼすことです。世の中の良いものを壊すことです。だから、今度の戰爭を仕掛けた國には、大きな責任があると言わなければなりません。この前の世界戰爭の後でも、もう戰爭は二度とやるまいと、多くの國々では色々考えましたが、またこんな大戰爭を起こしてしまったのは、誠に残念なことではありませんか。

そこで今度の憲法では、日本の國が、決して二度と戰爭をしないように、二つのことを決めました。その一つは、兵隊も軍艦も飛行機も、およそ戰爭をするためのものは、一切持たないということです。これから先日本には、陸軍も海軍も空軍も無いのです。これを戰力の放棄と言います。「放棄」とは「捨ててしまう」ということです。しかし皆さんは、決して心細く思うことはありません。日本は正しいことを、他の國より先に行ったのです。世の中に、正しいことぐらい強いものはありません。

もう一つは、他所《よそ》の國と爭いごとが起こったとき、決して戰爭によって、相手を負かして、自分の言い分を通そうとしないということを決めたのです。穏やかに相談をして、決まりを付けようというのです。なぜならば、戰を仕掛けることは、結局、自分の國を滅ぼすような羽目になるからです。また、戰爭とまで行かずとも、國の力で、相手を脅すようなことは、一切しないことに決めたのです。これを戰爭の放棄と言うのです。そうして他所の國と仲良くして、世界中の國が、良い友達になってくれるようにすれば、日本の國は、栄えて行けるのです。

皆さん、あの恐ろしい戰爭が、二度と起こらないように、また戰爭を二度と起こさないように致しましょう」

「戰力の放棄、戰爭の放棄」は、それまでの日本では考えもしなかったことだったから、文部省発行のこの社会科教科書『あたらしい憲法のはなし』が語るところは画期的だったのである。そして断乎とした強い意志も表わされた。それは戰爭を嫌う素朴な心である。短い文章の中に「二度とこんな恐ろしい、悲しい思いをしたくない」「もう戰爭は二度とやるまい」「決して二度と戰爭をしないように」「あの恐ろしい戰爭が、二度と起こらないように、また戰爭を二度と起こさないように」と繰り返されている。これは当時の人々の疑うことなき本心で、このために新憲法は人々に素直に支持されたのである。

しかしこの「戦争は二度としたくない」は、言葉だけが独走することになって行った。東京大空襲で周囲四方からの火焔をやっとの思いで逃れた人が、戦後はその地獄を語り「戦争は二度としてはいけない」とだけ言う。広島・長崎の原爆被災者が、光熱の強烈な爆弾威力による傷害の苦しさを語っても「戦争は二度とあってはならない」とだけ言う。それを聞く時、聞く人は体験談の凄さの余韻にひたって「戦争は二度としてはいけない」の気持に打たれるのだが、結局印象に残るのは、この最後の言葉「戦争は二度としてはいけない」の一言だけだから、それ以上の議論へとは拡がらないのである。

私はＴＶで硫黄島から奇跡的に生還した旧兵士の語るのを聞いたことがある。硫黄島は、高さ一六八メートルの摺鉢山に掘ったモグラの穴のようなトンネルに立て篭って抗戦する以外やりようのない残酷な戦場で、その山というのは火山だから熱い。トンネルにいるだけでも地獄だが、米軍は山を目がけて大砲を雨霰と撃ち込む。その中で決定的な兵器というのは、トンネルの入り口から内部に向って噴射する火炎放射器で、これにやられると、もうどうしようもない。ＴＶで語った兵士は、持久戦に堪えた後、最後の攻撃に打って出ると、気がついたとき重傷を負って捕虜になっていたと言う。彼はトンネルに潜んでいた間は火炎放射器に炙られた人肉で命をつなぎ、最後に捨て身の戦いに出たとき、奇跡的に命を取り留めたのである。こうして僅かな数の旧兵士が稀な生還を果たしたのだが、ＴＶに出たその尊敬すべき忠勇な旧兵士は、「今はただ毎日仏壇に座って旧戦友の名を唱えて読経に過ごすだけです」と語り、最後に力なく「あの戦争は一体何だったんでしょうね。戦争は二度としたくないです」とつぶやいた。これが日本社会の「戦争の反省」の実情であろう。

「戦争は二度としたくない」は、被害者意識の現れでもある。「軍部の独走で国民は被害者となった。悪いのは軍部だった」と思い込めば、悪夢からうまく抜けられる。しかし国民が進んで軍に協力したのも事実である。それが戦後「国民はひたすら耐え忍ぶほか無かった」という定形に変わって、それが定着することになった。これが「戦争は二度としたくない」にうまく結びつく。

しかしよく見てみると、それらの気分は全て考えた結果ではなく、生活上の問題から発したものだったから、少し生活に余裕ができると再び生活を守らなければいけないという気になったのも当然である。「暮らしを守らなければいけない。武力が必要なのは当たり前だ」と昔の気分は染み付いている。「戦争は二度としたくない」は、思想でなく感情だから、崩れる時はひとたまりも無かったのである。

こうした感情と郷愁の力の強さを語るものとして、最近も新聞の投書欄に「七十余年　記憶よみがえった戦歌」と題して次のような戦時を語る投稿が載った。

「ふと気がつくと、『お国のために　お国のために　戦った　兵隊さんのおかげです』という歌が私の頭の中で鳴っています。『兵隊さんよ　ありがとう』という歌です。戦後七十五年の間、一度も歌ったことも考えたこともないのに、今になってまた聞こえてくるのです。まるで脳細胞にしみついているかのように」

実は私にも同じ経験がある。「肩をならべて兄さんと 今日も学校へ行けるのは 兵隊さんのおかげです」が不意と出て来る。そしてやはり懐かしい。感情だ。頭に染み付いているのである。

戦後暫く経って、人々の胸の中に浮かんだ思いは、戦前からの「国を守るのは武力だ」の気分であった。感情だ。それが戦後、振り返ると、経済の回復とともに次第に戻って来ていたのだ。このことを私は、次の事実から知ることになった。それは小さなことだけれども、ともかくそこには戦争直後とは違った様相が見えているのである。

その事実というのは、国の防衛に関する世論調査に関してだが、調査の質問には必ず「敵が攻めて来たらどうしますか」というのがあって、次の三つから一つを選ばせるのが定番となっていた。「戦う。降参する。逃げる」調査する側もされる側も、戦争というのは不意に敵が攻撃して来ることで、それには武力で戦うか、逃げるか、降伏する以外ない、というのが共通の了解事項だったのである。この方式の調査は暫く続いて、それに対する批判の声も別に起こらなかったから、国民の意識は確実に『新しい憲法の話』から離れていたのである。こうしてこの後、国民の意識も政府の方針も、武力による防衛へと進んで行く。しかしこれでは、戦争の反省をしたことにはならないではないか。戦争直後の日本の姿は一体何だったのか、ということになる。あの頃、日本は世界に先がけて平和の先導者になる積りだった。人々は無知で、スイスを全く非武装の平和国家と思っていたから、「東洋のスイスになる」などと得々と言っていたのである。だから何となく貧しい国民の夢物語のようなところがあった。

道理主義のススメ

夢を追って現実を見ない。大事なのはどうして戦争になったのかだが、国民は、それを身近な問題として考えようとしなかったのである。あの『あたらしい憲法のはなし』にしても、それには触れていない。私は、せめて次のようにでも書くべきではなかったかと思う。

「日本は、なぜあの大戦争に突入してしまったのでしょうか。それは話し合いを蹴ってしまったからです。話し合いとは道理を求めることです。道理を求めることを止めてはいけないのです。それに当時の日本には、道理に反する行動の積み重ねがありました。それは、勝手に中国に日本の軍隊を出し続けていたことです。そこで、話し合いによって、この軍隊を中国から撤退させれば戦争にならなかったのです。こうして道理で戦争は避けることが出来ました。道理があれば軍隊はいらないのです。そう考えて、新しい憲法には『戦力の放棄』と『戦争の放棄』とが掲げられることになりました」

あの硫黄島から辛くも生還した忠勇な元日本兵士にしても、念仏を唱えて「あの戦争は一体何だったんでしょうか」とつぶやいて終るだけでなく、なぜ自分たちがあんな死ぬ程の苦労をしなければならなかったのか、なぜ国が戦争をせざるを得なかったのか、そこへ足を踏み込むべきなのであった。「戦争は二度としたくない」で済ますのでは、辛い体験をしたことが余りにも勿体ない。

とは言え、私もやはり「あの戦争は一体何だったんでしょうね」を思う一人であった。ただし私は、窮屈に考える人間だったから、自分を追い込んで、切実に透明な心で世界を見て正しく答えられるようになりたいと芯から望んだ。そして歴史も何度も振り返ってみた。それは既に私が、父について語ったところで書いた通りである。そこでは原因と結果が明瞭に繋がって、中国への日本軍出兵となり、遂には米国務長官ハルが撤兵の最後通告を突きつける状態になっていた。私は、ハル・ノートの受諾しか無いと思った。そして「日本はハル・ノートを受諾すべきだった」の結論を得た時、正解に行き着いたと思った。この確信が得られたのは、私が事実と論理だけで進んで来たからである。それは特殊でなく普遍妥当の思考操作の結果だった。こうして私は自然に道理主義になっていたのだが、もしこれが正しいなら、それを声を大にして叫ぶべきではないかと思う。あの戦争には日本人三百万人、アジア人二千万人、その他多数の人々の無駄な死がある。その人達のためにも、今後こんな戦争は無くさなければならないのである。それは世界を荒らした日本国の継承者の歴史的責任である。「日本はハル・ノートを受諾すべきだった」は、道理で戦争を防ぐ道理主義の象徴的な言葉だと思う。

しかし人は「二度と戦争はしたくない」と言いながら、やはり国を守るのは武力だと、その方向へ進む。私は、それが間違っている、武力でなく言論で守れるのだと主張する。

そこで以下、私は政府が法的に間違っていることと、実際に今の憲法と国際法とで国が守れることを論じて行こうと思う。いかにして国の防衛が、実際に全ての場合に平和的手段で可能であるか。しかもそれが成功裡に終わるのか。それらは、きちんと説明して社会の理解と同意を求めなければならない。この点について私は、適当な箇所で具体的に色々述べて行くことにしようと思う。

第五章　防衛論と憲法問題（一）九条解釈の破綻

自衛戦争を否定した憲法

新憲法発布以降、国を守る上でのわが国政府の立場はどうだったのか。これからその流れを振り返ってみることにするが、そのためには憲法九条を側に置いて考えなければいけない。そこでまず九条全文を掲げることにしよう（憲法九条は語られることが多いのに、全文をきちんと知っている人は意外と多くない。それに九条が問題になる時は、文章の細かい部分の検討も必要になることが多いから、その都度その都度、九条全文を見なければならないのである）。

憲法九条　第一項（戦争の放棄）日本国民は、正義と秩序を基調とする国際平和を誠実に希求し、国権の発動たる戦争と、武力による威嚇又は武力の行使は、国際紛争を解決する手段としては、永久にこれを放棄する。

第二項（戦力及び交戦権の否認）前項の目的を達するため、陸海空軍その他の戦力は、これを保持しない。国の交戦権は、これを認めない。

上記の文章で、以下問題になってくることを並べておこう。第一項の「戦争の放棄」は全面的な戦争放棄かというと、通常の解釈によると、そうではないのだと言う。と言うのは、第一項には「国際紛争を解決する手段として」の註がついているから、禁止は侵略戦争だけ、とされるのである。次に第二項の「前項の目的を達するため」が何を意味するかだが、この単純な接続節と見えるものが、実は後で大きな議論をひき起こしたのだから注意しなければならない。それに九条の他の言葉の使い方というのも、やかましくて面倒で、これにも気をつけなければいけない。極端な人は、戦争というのは単に戦うことではなく、宣戦布告を伴う武力行使だと言う。しかし戦争という言葉そのものは「自衛戦争」の中にも使われているのだから、武力を使った実力行使すべてが戦争と言っていいようにも見える。そこで煩わしいが、その都度その都度、この言葉の内容には注意を要するのである。

昭和二十一年（一九四六年）六月、新憲法審議の国会で吉田首相は次のように九条を説明した。

「戦争放棄に関する本案の規定は、直接には自衛権を否定はしておりませんが、第九条第二項において一切の軍備と国の交戦権を認めない結果、自衛権の発動としての戦争も、また交戦権も放棄したものであります。従来近年の戦争は多く自衛権の名において戦われたのであります」

「戦争放棄に関する憲法草案の条項におきまして、国家正当防衛権による戦争は正当なりとせらるるようであるが、私はかくの如きことを認むることが有害であると思うのであります。近年の戦争は多くは国家防衛権の名において行われたることは顕著なる事実であります。故に正当防衛権を認むることが偶偶《たまたま》戦争を誘発する所以であると思うのであります」

新憲法発足前の昭和二十一年（一九四六年）六月には吉田は自衛権の発動としての戦争も国の

交戦権もともに放棄したとして、自衛のための戦いを否定した。これは「自衛戦争は認めるべきではないか」という共産党の野坂参三議員の質問に対するもので、当初は、九条の解釈について共産党以外からは疑問は出なかった。この時に吉田は自衛戦争も完全に否定したのである。そして、これがそもそも日本国憲法の出発点だったのである。同様なことを、新憲法の問題を担当する国務大臣・金森徳次郎も昭和二十一年（一九四六年）九月十三日の貴族院で次のように述べている。

「第二項は、武力は持つことを禁止しておりますけれども、武力以外の方法によってある程度防衛して損害の限度を少くするという余地は残っていると思います。でありますから、今お尋になりました所は事の情勢によって考えなければならぬのでありまして、どうせ戦争は、これは出來ません。第一項におきましては自衛戦争を必ずしも禁止しておりませんが、今御示しになりましたように第二項になって自衛戦争を行うべき力を全然奪われておりますからして、その形は出來ません。しかし各人が自己を保全するということは固より可能なことと思いますから、戦争以外の方法でのみ防衛する。その他は御説の通りです」

「第一項では自衛戦争は出来ることになっております。第二項では出來なくなる。こういう風に申しました。第九条の第一項では自衛戦争が出來ないという規定を含んでおりません。ところが第二項へ行きまして自衛戦争たると何たるとを問わず、戦力はこれを持つていけない。また何か事を仕出かしても交戦権はこれを認めない。そうすると自衛の目的をもって始めましても交戦権は認められないのですから、本当の戦争にはなりません。だから結果から言うと、今一項には入らないが、二項の結果として自衛戦はやれないということになります」

しかしこの政府見解は直ぐ「自衛のための武力行使はできる」というふうに変わっていった。このことに関して色々な政治的発言が出て来るのだが、それらを見て行くと九条解釈変遷の歴史となるから、以下適当に選んでそれらを並べることにしよう。

さてその主張のなかで一番有名で、かつ有力なものというのが、元首相芦田均の芦田見解と呼ばれるものである。

芦田は、一九四六年（昭和二十一年）七月二十五日から八月二十日にかけて十三回にわたって開催された帝国憲法改正小委員会の委員長だったが、後に九条について、第一項で禁止されているのは侵略戦争だから第二項で禁止されているのは侵略戦争のための軍隊に過ぎないと言い出した。そして芦田は、そのことをハッキリさせるために、自分は第二項のはじめに「前項の目的を達するために」を入れたのだと言う。

芦田はそれを一九五七年（昭和三十二年）になって、内閣の憲法調査会で次のように説明した。

「私は第九条の二項が原案のままでわが国の防衛力を奪う結果となることを憂慮いたしたのでありります。それかといってＧＨＱ（米軍総司令部）はどんな形を持ってしても、戦力の保持を認めるという意図がない、と判断しておりました。そして第二項の冒頭に『前項の目的を達するため』という修正を提議した際にも余り多くを述べなかったのであります。特定の場合に武力を用いるがごとき言葉を使えば、当時の情勢においては、かえって逆効果を生むと信じておりました。修正の字句はまことに明瞭を欠くものでありますが、私は一つの含蓄をもってこの修正を提案致したのであります。『前項の目的を達するため』という字句を挿入することによって、原案では無条件に戦力を保有しないとあったものが、一定の条件の下に武力を持たないということになります。日本は無条件に戦力を捨てるものでないことは明白であります。これだけは何びとも認めざるを得ないと思うのです。そうすると、この修正によって原案は本質的に影響されるものであって、従ってこの修正があっても第九条の内容には変化がないという議論は明らかに誤りであります」

しかし芦田はここで本当のことを言ったのではなかった。後に一九九五年（平成七年）に帝国憲法改正小委員会の秘密議事録というのが公開されてみると、問題になっている第九条第二項の「前項の目的を達するため」というのは意味も無く、修辞技術の問題に過ぎなかったことが分かった。この一項、二項について、芦田均委員長は一九四六年（昭和二十一年）七月二十九日の小委員会では次のように言っていたのである。

「『前項の目的を達するため』と言うのは、実は双方ともに国際平和を念願しておるということを書きたいけれども、重複するような嫌いがあるから『前項の目的を達するため』と書いたので、つまり両方ともに日本国民の平和的希求の念慮から出ておるのだ」

そしてこのとき、芦田は衆議院本会議での委員長報告においても、

「侵略戦争を否定する思想を憲法に法制化した前例は絶無ではありません。例えば一七九一年のフランス憲法、一八九一年のブラジル憲法の如きであります。しかし、わが新憲法の如く、全面的に軍備を撤去し、すべての戦争を否定することを規定した憲法は恐らく世界においてこれを嚆矢《こうし》（註、最初）とするでありましょう」

と述べている。つまり帝国憲法改正案委員小委員会では芦田は自衛戦争を否定して、自衛のための軍隊も考えなかったのである。それが後に心変わりして、自分の都合を通そうと工作したのである。

政府の公式の憲法解釈は内閣法制局が行い、これを有権解釈というのだが、有権解釈では、最初の頃は吉田首相の国会答弁通り、自衛戦争も否定していたはずである。そして「警察予備隊、自衛隊」と組織が出来るにつれて、政府の有権解釈は、「自衛隊は合憲」へと変化した。私はその変化の過程を具体的には知らないけれども、有力者たちが「主張を変えて行った」とする証言は幾つか知っている。もう故人となった人のものだが、二例をあげる。

自民党改憲派で文相、法相だった奥野誠亮は、「戦後五十年国会決議」の際のインタビューで「憲法は戦争放棄をうたっています。制定当時、この規定は、『軍事力につながるものはすべて禁止する』と解釈されていました。自衛の戦争も認めないつもりでした。その後、朝鮮戦争が起こり、自衛権と自衛のための力は持てるように変わった」と述べて、先入観のない解釈が何であるかを語っている。

同じような先入観の無い解釈とその後の解釈との違いは、稲葉修の書いたものにも見られる。稲葉は法学博士で、元中央大学の憲法の教授だったから、正に憲法の専門家というべき人であろう。彼は政界に入ってから法相、文相を勤めた。しかしその憲法の専門家も政界入りすると、「日本国の安全のための軍備までも憲法第九条の第二項は禁ずるものではない」との立場に変わるのである。晩年、稲葉は過去を振り返って次のように言っている。

「憲法制定発布以来数年間、憲法九条の解釈は『一切の軍備が許されないことを規定するものだ』というマッカーサー元帥の意図そのままとするのが一般的解釈だった。私もその頃は憲法普及会の一員としてそういう解釈で憲法普及の講演をして回ったのであった」

憲法を解説して回る専門家が、最初疑いもしなかった解釈、それこそ素直な解釈であろう。日本語は、長い間経った後でやっと、真意を取り違えていたと気付くほど複雑な言葉ではない。では学界の解釈は当時どうだったか。憲法学の第一人者で東大教授だった宮沢俊義は次のように語った。

「日本は自衛権は持つが、その発動としても戦争を行うことは許されず、自衛権は戦力、武力の行使を伴わない方法によってのみ、発動を許される」

ところで、この問題での極めつけは、憲法五十周年の一九九七年（平成九年）の朝日新聞の憲法記念特別対談での中曽根元首相の発言であろう。彼はそれまでを振り返って次のように語った。

「あのころを考えると、憲法に関して私には精神的葛藤が二、三回ありました。一つは、大東亜戦争に責任のあった人の追放解除は、戦争に駆り出された我々には実は違和感があった。だから、岸（註、岸信介）さんが自民党の総理・総裁になる時に、私のいた河野派は全部岸さんに入れたが、私だけ石橋湛山さんに入れた。出世は遅れたが、そうやって心の葛藤を晴らした。もう一つは『警察予備隊は軍で憲法違反だ』と言って吉田さん（註、吉田首相）を攻撃したが、その後、改進党代表として警察予備隊を今の自衛隊に変えていった。内心、憲法違反になると思い困っていたが、自衛権を全うするための防衛力は認められるという『芦田修正』や改進党幹事長だった清瀬一郎さんの、独立国には憲法以前の問題として自衛権はあり自衛力は認められるという『清瀬理論』で、自分の心を静めて今の自衛隊法をつくったのが真相です」

中曽根元首相のこの談話の頃には「日本に戦力はない」は、もう言い続ける必要はなく、話題にもならなくなっていて、だから元首相は秘密を喋ったのだが、その後むしろ、日本に「戦力がある」のは分かり切ったことで、実情に合わない憲法を改正しないのがおかしい、となって行くのである。

いつのまにか「日米同盟」

このように憲法九条の解釈は変化していったのだが、その変化は官民の共同作業によると言える。国民の空気がそのように自然に変わって行ったのである。そして、そのことが最も良く具現されているのが「日米同盟」であろう。「日米同盟」というのはいつの間にか現れ、いつの間にか定着し、今では国民の八割以上の支持を得ているのだが、これは実は、昔の日英同盟や日独伊三国同盟と違って、意外にも公式には存在しない名称なのである。公式にあるのは日米安全保障条約である。

昭和二十七年（一九五二年）講和条約ができて、ポツダム宣言に従って米占領軍は撤退すべきだったが、アメリカは米軍の駐留を継続させたくて、そのために日米安全保障条約の制定となった。これは日本にとっては屈辱的な占領の継続に他ならない。この条約が、まったく日陰の存在であったという証拠に、首相吉田茂は責任を一人で取るとして、サンフランシスコ講和条約と同時に調印するはずの日米安保条約には、別の会場でただ一人調印したほどだったのである。一九六〇年（昭和三十五年）に安保条約は改定されて新安保条約となったが、この時はデモ隊の女子学生が亡くなり、米大統領アイゼンハウアーの訪日は中止され、岸内閣も総辞職となり、いまだに六〇年安保と語られる。だからこの時、日米安保条約を「日米同盟」などとは誰も思わなかったのである。

では何時から「日米同盟」となったか。安保改定二十年後の一九八一年（昭和五十六年）鈴木善幸内閣の時、シーレーン防衛のことで、アメリカの要請で初めて公式文書に同盟 alliance の言葉が書かれた。この時、日本は消極的で、積極的だったのはアメリカである。五月、訪米の鈴木首相とレーガン米大統領との共同声明冒頭にこう記された。「首相と大統領は、日米両国間の同盟関係は、民主主義及び自由という両国が共有する価値の上に築かれていることを認め、両国間の連帯、友好及び相互信頼を再確認した」。

この声明直後、鈴木首相は国会で「日米関係は、民主主義、自由、という両国が共有する価値の上に築かれております。同盟とはこのような関係を一般的に指したもので、日米軍事協力の一歩前進といった言い方は全く当を得たものではございません」との政府見解を示した。しかしこれに対して、訪日中の元米国防次官補代理のアーミテージは、「日米共同声明は、日本の軍事協力を明確にした。『同盟』とは共に戦うことである」と言い、これに驚いた外務省は「同盟に軍事的側面はあるものの、新たな軍事的意味を持つわけではない」と政府見解をつくろった。しかしアーミテージは「鈴木は『同盟』を理解していないが、自民党指導者は軍事的意味があると知っているのだ」と本国に報告する。実際もその通りで、外相は「軍事同盟の意味合いが含まれている」と言い、首相との不一致から辞任した。こうして鈴木首相は求心力を失って結局退陣したのだが、その「日米同盟」はどんどん国民の間で支持率を上げ、今では誰もが「日米同盟」を当然のこととして語る。国も国民もこれを国の根幹としているのである。

その変遷を新聞は、はっきり伝えている。一九五一年（昭和二十六年）には、旧安保条約は「占領を合法化する条約」（自衛隊将官談）であったから、一九六〇年（昭和三十五年）に、それが新日米安保条約になった時には、朝日新聞の「天声人語」は次のように書いた。

「占領時代から一五年間も駐留した米軍が、今後また一〇年間も居座るわけだ」

しかし新日米安保五十年の二〇一〇年（平成二十二年）になると、どの新聞も「日米同盟」一色である。

「日本には、日米同盟の維持、強化しかない。日米同盟あっての東アジア共同体だ」(読売、日経)

「日米同盟は、アジア太平洋地域の安定装置として日本国民が支持」(朝日)

このように暗黙の了解として官も民も互いの姿を変えて行った。それはわれわれ日本国民の性向であろう。事実、戦後何時の間にか、民衆は軍国主義から反軍国主義に変っていって「戦時中、民衆は軍国主義の抑圧を耐え忍んで生きて来た」というパターンが社会に広く定着するようになった。本当は、前にも述べたように、戦時中は民衆は、真実を知らされなかったこともあって殆どが進んで軍に協力して、自らを愛国者だと誇りに思っていたのである。私は今の「日米同盟」はまさしくこのような流れの一部だと思う。

世の空気がこのように変わって行く中、例の九条の有権解釈はどうなって行ったのだろうか。その有権解釈に思いがけなく影響するようなことが起こったのは二〇一四年で、それまで日本は、個別的自衛権は行使できるけれども集団的自衛権は行使できないとしていたものを、安倍内閣は、集団的自衛権も部分的には行使できると変えたのである。

この変更は随分乱暴に行われた。個別的自衛権とは、自国が武力攻撃を受けた時、自国の武力で守る権限だが、集団的自衛権とは他国の有事に際して駆けつけて武力行使することだから、政府にとっても憲法九条の規定を越える。そこでこれまで内閣法制局の有権解釈は集団自衛権を認めなかったのだが、安倍首相はそれを不満として内閣法制局に有権解釈を変えさせようとしたのである。しかしこれに対して山本庸幸内閣法制局長官は「憲法解釈の見直しは難しく、集団的自衛権を実現するためには憲法改正をしたほうが適切だ」との見解まで示した。すると首相は、山本長官を退任させて、新長官には解釈見直しに前向きな小松一郎フランス大使を任命したのである。もちろん新長官が直ちに「集団的自衛権も部分的には行使できる」との憲法解釈を打ち出したのは言うまでもない。こうしてこの憲法解釈が新しい有権解釈となり、平成二十六年(二〇一四年)七月一日には集団的自衛権の行使容認が閣議決定された(二〇一四・七・一閣議決定)。内容としては、憲法改正の正式な手続きを経て初めて出来るような変更が、その定められた手続きを経ずに、単なる閣議決定で実行されたのである。

さて国の防衛が「集団的自衛権も部分的には行使できる」となったのだから、実行のための法案が必要になる。法案は安全保障関連法(安保関連法)というが、この制定は大きな問題だから衆議院憲法審査会が開かれ、憲法学者の意見を聞くことになった。そして与野党推薦の三人が意見を述べたのだが、思いがけないことが起こった。三人とも「集団的自衛権の部分的行使」は違憲だと言う。特に大ニュースとなったのは、自民党推薦の参考人の長谷部恭男・早稲田大学教授が憲法違反だと言ったことである。長谷部教授はこれまで自衛隊合憲の政府解釈を支持してきたのだから、自民党も安心して参考人に推薦したのだが、その人が違憲というのだから、これは驚くのが当然だった。

二〇一四・七・一閣議決定の問題で分かったのは、政府の有権解釈というのは、政府の都合で勝手に変えられる好い加減なものだ、ということである。それなら、これまでの有権解釈（政府の憲法九条解釈）にも検討の必要があろう。そのために私はここで、政府の九条解釈の立場を取る二人の憲法学者の著書を通じて――長谷部教授の『憲法の良識』と東京都立大学教授の木村草太氏の『自衛隊と憲法』とを使って――考えてみようと思う。

五百年前の「良識」で語る憲法学者

初めに一言。長谷部氏も木村氏も政府の九条解釈に賛成するという同じ立場だから、全く同じ考え方をするかというとそうではない。日本が最小の防衛力なら持てると言っても、その根拠は、長谷部氏の場合は「良識」であり、木村氏の場合は憲法一三条である。だから両氏を一緒に扱うのは難しく、別々にせざるを得ない。最初、長谷部氏について考えることにする。

長谷部氏は、

「自衛隊のような個別的自衛権を行使できる組織は、九条二項でいうところの『戦力』にあたるのかもしれない。あたるとするならば、それはもってはいけないものだろうか。つまり九条がある以上、ほんとうに自衛隊をもったらいけないのか、という疑問が出てくることになる。じつはこれこそ、法の解釈が求められる典型的な場面だと私は思っています」

ということから話を始める。そして法の解釈に「良識」が活躍するのだが、その前にせっかく長谷部氏が「戦力」の解説をしているし、「戦力」には微妙な点があり、人によって解釈が違ってくるから、ここに「戦力」の解説も引用させて頂くことにする。長谷部氏は「戦力」とは war potential だとして、

「日本の歴代政府はこれを『戦争遂行能力』と理解してきています。しかもその戦争遂行能力と言うのは、『自衛権を行使する能力とは別だ』、つまり『我が国が直接に武力攻撃を受けたとき、必要な限りで、それに対応するために用いる武力とはちがう』と説明しているので、歴代の政府は、現在の自衛隊は『戦力』にはあたらない、といってきたわけです」

「要するに自衛隊は専守防衛に徹しているので、戦争を遂行する能力ではない、ということですが、これは少し苦しい言い分にみえます。国民のすべてから理解と納得を得られるか、というと難しいところだと思います」

と語る。これで分かるように「戦力」というのは実に微妙なのである。

さて、ここから本題に入るのだが、以上から分かるように、以下長谷部氏の「法の解釈」では、主役となるのは「良識」である。「九条二項は、戦力は持てないと言う。自衛のためにどうするか」を「良識」で考えようという。

その「良識」の説明として、最適とする一つの話が紹介されている。それはイギリスの法哲学者ハートの「公園への車の乗り入れ禁止のルール」を巡っての説明である。ある公園にこのルー

ルがあるとき、救急車は乗り入れてはいけないのか、いいのか、を考える。規則を杓子定規的に適用すると「いけない」だが、人命救助からすればこのルールを破って構わないというのが、「法の解釈」における「良識」であると長谷部氏は言う。

「ルールで決められているからといって、この場合でそのとおりに行動することは、ケガ人や急病人を見殺しにすることになります。それは本来われわれがとるべき行動をとっていることにはならない。それはあまりにも良識に反することになるからです」

これは分かる。しかし長谷部氏が続いて次のように言うところで、私は賛成できなくなった。

「九条二項に付いていても同じことがいえるのではないか、と私は考えます。何があろうと自衛のための実力を一切もつべきでない、というのは、ハートのこの設定で批判されている議論と同じではないでしょうか。他国から日本が直接武力攻撃を受けても、政府として何もしないということがありうるのか」

「そんな非常識なことはあり得ないと思います。あまりにも良識に反します。そういう場合こそ、法を解釈しないといけない。これが法の解釈のしどころです」

長谷部氏の議論における「ハートの公園の例」と「九条二項」。この類似性が間違っていると私は思う。「ハートの公園の例」は「九条二項」の問題に似ているようで、本質的には全く別物なのである。「ハートの公園の例」で問題になっているのは救急車の乗り入れだが、このことは公園のルールを定めたとき、想定外のものだった。そこへ急に、救急車に対応する必要が出たという話だから、当然「良識」で考えることになる。そしてこれはルール外の面から見れば本質外の問題で、どう判断しても大した問題ではない。ルールを破って救急車で乗り入れようが、周知の公園のルールを尊重して担架と救急要員とで急いで処理しようが、差はほとんど無いと言っている。

これに対して「九条二項」の問題では、「自衛のための実力を持つべきか否か」は、まさに「九条二項」に本質的な問題なのである。「九条二項」は「自衛のための実力を持つべきか否か」のために作られた条項と言うべきものなのだ。「九条二項」は、芦田が、「侵略戦争を否定する一七九一年のフランス憲法にも一八九一年のブラジル憲法にもこれが無かった」と言うように、世界でも類のない「突拍子もないもの」なのである。

以上をまとめると、わが憲法では「九条二項」の条文が明記されているというのに、その「突拍子もない思想」を除外視して、一般的な「良識」で判断しようというのだから、ここで論理が乱れて来る。「突拍子もない思想」こそ、思考の対象としなければならないものである。昭和二十一年（一九四六年）には憲法担当大臣の金森徳次郎は、不完全ながら「第二項は、武力は持つことを禁止しておりますけれども、武力以外の方法によってある程度防衛して損害の限度を少くするという余地は残っていると思います」と「武力以外の方法」を何とか求めて、「良識」が必要などとは言わなかったのである。

長谷部氏の「良識」は、「ハートの公園の例」を使って片付けて、「九条二項」についてきちんと考えることを完全に度外視しているのである。ではなぜ結論を得るために、そんな遠回しのやり方をするのか。なぜ「九条二項」を直接論じないのか。それを探ってみると、長谷部氏著の『「憲法の良識」』は、この「良識」が恐るべき旧時代の思想に発するものであることを教えてくれた。何と長谷部氏の「良識」の根源は、五百年前、十六世紀のマルティン・ルター（一四八三―一五四六）の思想なのである。

「ヒツジをオオカミやライオンと一緒に棲《す》まわせればヒツジは平和を守るであろうが、遠からず死に絶えるであろう（ルター『世俗権力論』）」

「要するに、ピュアなパシフィズム（平和主義）は、この世で実際に通用するものの考え方ではない、とルターはいっているわけです。するとここで問題が出てきます。ピュアなパシフィズムはそもそも統治の根本原理になりうるのでしょうか。別の言い方をすると、ピュアなパシフィズムは、憲法の基本原理になりうるのか？」

「さきほどのルターの言葉でいうと、『いくらオオカミに襲われても何の抵抗もするな』『ヒツジになれ』といっていることになりますので、およそ、国民の生命と財産をまもるべき政府のあり方に反していることになります」

長谷部氏の考える世界というのは、話も道理も通じない世界なのである。その世界には人間はいなくて、ヒツジとオオカミとライオンだけなのだ。もしそれが世界だったら、私も平和主義を説いたりなどしない。第一、九条を持つ憲法を持ち出す人間など、いるはずがない。しかし今、世界は国連の時代だ。国連憲章がある。そういう世界に住んで、ヒツジとオオカミとライオンの世界を語るとは、と私はこれ以上議論する気がなくなった。

ただ付け加えておきたいのは、長谷部氏は勝手に、平和主義を単なる無抵抗主義としていることである。しかし長谷部氏は「日本国憲法を、世界でも類のないものにしているといわれるのが、『国民主権』『基本的人権の尊重』『平和主義』の中の、平和主義です。具体的な条文でいうと、九条がそれにあたります」とせっかく言っているのだから、彼はこの立場で一貫して論ずべきだったのである。そこにはルターなど無い。長谷部氏は、憲法審査会で集団的自衛権と個別的自衛権について論じた時には正しかったけれども、氏の個別的自衛権は、実は軟弱な地盤の上に建てられていたのである。

木村草太氏の「自衛隊と憲法」には、政府が自衛隊を「自衛のための必要最小限を超えない実力をもった組織だから九条に違反しない」と言うためにたどった道筋が、分かり易く書いてある。その出発点は憲法十三条である。

「憲法十三条（個人の尊重）すべて国民は、個人として尊重される。生命、自由及び幸福追求に対する国民の権利については、公共の福祉に反しない限り、立法その他の国政の上で、最大の尊重を必要とする」

ここから木村氏も政府も次のように考えて行く。十三条で、政府は国民の生命や自由を守らなければならないのだから、侵略を放置することは政府にとっては許されない。政府は、外からの武力攻撃に対して国民を守るために、必要最小限の武力行使をしなければならないのだが、そのためには、政府には「必要最小限の実力を持つ組織」を持つことが求められる。とすると九条二項の下で、「必要最小限の実力を持つ組織」をどう説明するか。

その九条二項に関しては、二つの解釈が可能と考えられた。一つは、「自衛の戦力」の保有を認める「芦田修正説」であり、もう一つは、全ての戦力の放棄を求める「武力行使一般禁止説」である。これら二つの説について、それぞれの正当性は別として、政府の説明にとって都合の良い解釈はもちろん「芦田修正説」であるが、木村氏によると、これには実は憲法理論から言って致命的欠陥があると言う。というのは、戦力に関わる権限は軍事権だが、憲法で「自衛の戦力」としての「戦力保有」を認めるとすると、憲法には軍事権について書いてなければならないのに、日本国憲法にはそれがない。憲法に軍事権を記述する領域（カテゴリー）が無いのだ。これをカテゴリカルな消去と言うとのことだが、こうして「自衛の戦力」であっても「戦力保有」は憲法から除外されているのである。となると、「武力行使一般禁止説」で行くしかないが、その場合に武力行使禁止に反するような「自衛のための必要最小限を超えない実力」が許されるのだろうか。

ここで政府は、「自衛のための必要最小限を超えない実力」は「戦力」ではないとする。これは天下り的で、綱渡りの言い逃れのようだが、こうして「自衛のための必要最小限を超えない実力」は「自衛の戦力」ではないとなった。政府が「政府御用達の定義」を作ったのである。こうして「戦力」という言葉を使わずに「実力」という言葉で押し通すことになったのだが、木村氏もこれに同意する。これなら「戦力」の言葉は登場しないのだから、形式的には「武力行使一般禁止説」の九条二項を気にしなくて良いことになる。こうして「自衛のための必要最小限を超えない実力」は、例外的許容事項として認められると考えられた。要するに政府は、戦力か否かの内容の問題でなく、「戦力」という言葉を使うか使わないかの言葉の問題にしたのである。

しかし正にその言葉のことで、政府のこの説明が通用するか否かが問われることになるのだ。自衛に必要な最小限の実力と言う時、最小限という量をきちんと示せなければ説明にならないが、それを示すのは不可能なのである。具体的に戦力を計る尺度としてある世界の統計での二〇一八年（平成三十年）の軍事費を軍事費対GDPの比率とを見てみると、日本は軍事費では世界九位であり、トップクラスだ。軍事費対GDPでは百位あたりであったが、ここでも後にはまだ沢山の国がある。個別的な例として日本とドイツを比べると、軍事費では日本は四六六億ドル、ドイツは四九五億ドル、軍事費対GDPでは日本〇・九九%、ドイツ一・二三%だった。これから「戦力」の有る無しを論ずるのは、まったく無理というべきである。だから「自衛のための必要最小限を超えない実力」と言っても何も言っていないことだから、私は政府や木村氏の主張にはとても同意することが出来ない。ドイツに匹敵する軍事費は明らかに「戦力」である。世界の統計もそう認識したからこそ、日本の軍事費をドイツの軍事費と同じように世界の統計の中に入れて比較したのである。

他のデーターとしてあげると、日本はアメリカからステルス戦闘機Ｆ35、一四七機を六・七兆円で購入することになっているという。これが戦力でないと言えるか。日本は米軍と共同演習をする。日本の持つのが戦力だからこそ、アメリカの戦力と共同演習出来る。日本は、確かに憲法九条二項に違反する「戦力」を持っているのだ。政府や木村氏は国の防衛のために、憲法十三条を例外的に認められた「戦力」の根拠とするが、「軍事権のカテゴリカルな消去」をした日本国憲法における十三条は、国の防衛を「戦力」で行って良いとは決して言っていないのである。

以上をまとめる。政府や木村氏の言う「自衛のための必要最小限を超えない実力」は、戦力と言わないだけで実質は九条二項の禁止する戦力だから、憲法に違反するのだ。世界で日本の「自衛のための必要最小限を超えない実力」を通常の戦力だとして、日本を他の国と同様に扱っていることが、その客観的証拠である。最後に総括として付け加えると、日本国憲法は「国の交戦権はこれを認めない」ではなかったか。

「武器を捨てよ、国の安全を平和的手段で求めよ」と説く憲法

以上有難いことに、長谷部氏と木村氏は、九条の条文とその解釈（二〇一四・七・一閣議決定までの政府解釈）との関係をはっきり説明して、新憲法発足当時の吉田茂や金森徳次郎らとの違いを明白に示してくれた。私がここで、これをわざわざ言うのは、当初の政府解釈からの変遷を、疑いを持ちながら黙って見ていた有力学者達がいるのが事実だからである。二〇一八年（平成三十年）五月号の雑誌『中央公論』は、「憲法の正念場」と題する特集を組んでいるが、そこでの発言は意外なものだった。

大沼保昭東大名誉教授――、

「かつて日本は侵略戦争と凄まじい戦争犯罪を行いました。その結果、主権国家としては異例の、素直に読めば自衛権の行使すら禁じられているような九条が入った憲法の制定を余儀なくされた」

「国際政治の現実を前に、それぞれの内閣が無理な法解釈をして切り抜けて来た」

「内閣法制局の解釈は今まで何度も変更されて来たわけです。なぜ安保法制で変更された法制局の解釈（註、二〇一四・七・一閣議決定）が特別視されなければならないのか」

大沼氏のこの「二〇一四・七・一閣議決定」の擁護は、直ぐ後に見るように、木村草太氏に鋭く攻撃される。

中西寛京大教授――、

「警察予備隊や自衛隊を設立した当時の法解釈はかなり曲芸的だったと言わざるを得ないでしょう」

「憲法九条には事実上の英語の公定訳がありますが、海外の人々にあの条文と、現実にある自衛隊の両立を説明するのは論理的に極めて難しい」

高村正彦自民党副総裁――、

「二項の文言だけを取り出してみれば、自衛隊は違憲とならざるを得ません。理論的に言えば二項を削除したほうがいいのでしょうが、今の国民意識では、二項削除は無理なんですよね」

北岡伸一東大名誉教授――、

「私の大前提は、憲法も法律も、条文そのものを杓子定規に考えるべきではないということです」

「厳密な戦力不保持では、独立国家としてやっていけるはずがないのであって、これを柔軟に、いわば目的論的解釈をしてきたのが自民党です。憲法は至高のルールだから一切変えるなというのは最早宗教だと思います」

「憲法九条二項について、憲法制定当時、政府は、一切の軍事力はダメという解釈だった。しかし五十四年十二月、政府は、必要最小限度の軍事力は合憲という解釈を打ち出した」

これで見て分かるように、ここで発言したすべての人が、九条二項の政府解釈は最初の時から変わったと認識しているのだが、それをどの程度、もっともだと考えるかによって主張が違って来る。『中央公論』特集号では、九条二項の解釈変更について、面白い対話が交わされた。先にちょっと触れたように、「二〇一四・七・一閣議決定」前の政府解釈に立つ木村草太・東京都立大学教授が、「二〇一四・七・一閣議決定」後の政府解釈をも容認する大沼保昭・東大名誉教授に対して、解釈変更を「盗み」と言い換えて論争を挑んだのである。

大沼「(旧政府解釈について言えば）必要最小限の措置が個別的自衛権の範囲内にとどまるという法的な必然性はないわけで、そもそも無理なところのある解釈でした」

「七二年の政府見解（註、田中角栄内閣）も安倍政権の解釈変更も、政策判断を憲法解釈として語っている訳です。法的に規定出来る範囲を超えて規定してしまった九条については、国際環境や政策判断の変化に応じて解釈Aを解釈Bに変更することは妥当性のあることだと思います」

木村「大沼先生の議論だと、自衛隊は違憲のまま存在してしまっている。ならば、『一度盗みをしてしまったのだから、もういくら盗みをしてもいい』ということになりませんか」

大沼「中西さんの言うように、外国の方や一般市民の方に憲法と自衛隊の関係を説明するのに苦労する。そういった、法律家にしか通用しない憲法の解釈と運用はおかしいのではないか、と言いたいのです。木村さんの喩えを使えば、内閣法制局は『盗みなんだけど、盗みじゃない』と言訳を重ねて来たようなものです。それに対して『盗みだ』と言って来た憲法の通説も、徐々に『盗みじゃない』に変わって来てしまった」

「一方、少なからぬ国民は今も『憲法九条を守ることが平和を守ることだ』という幻想の中にいる。これらを克服して『護憲的改憲論』を実現すべきではないか」

木村「集団的自衛権行使容認も、改憲説として議論されるなら、違憲だとは批判されなかったでしょう。しかし、あの時、政府は『解釈として出来る』と強弁していた。政府がこれまで一貫して『ここからは盗みだ』と解釈してきたものを、『盗みではありません』と解釈変更しようとしたようなものです。だから、『それはありえない』と言って来たのです」

木村氏の舌鋒は鋭いが、実は木村氏も、憲法公布時の吉田茂、金森徳次郎の「自衛戦争否定」の九条解釈から「自衛のための必要最小限を超えない実力は許される」の政府解釈に変わったのだから、「盗みをした」のである。なお付け加えておくと、木村氏、長谷部氏らの先生にあたる東大名誉教授・芦部信喜は没後、今なお著書『憲法』の版を重ねるほどの権威だったが、その著書『憲法』の中には、「解釈を一貫させていけば、現在の自衛隊は『戦力』に該当すると言わざるを得ない」の記述が残っている。

元に戻って、「自衛のための必要最小限を超えない実力」についての議論を続けると――私は、木村氏が「自衛隊と憲法」で、九条二項の「交戦権を認めない」を無視しているのも気になった。吉田首相が憲法審議の国会で自衛権の発動としての戦争も放棄するとした大きな理由の一つは、憲法が「交戦権を認めない」としたからではなかったのか。木村氏はそれを著書『自衛隊と憲法』では一度紹介した後は語らなくなったが、「交戦権を認めない」ということはすべての武力行使が出来なくなるということではないのか。自衛のための武力行使も出来ない、ということではないか。

木村氏は、日本国憲法における「軍事権のカテゴリカルな消去」を明快に語った。私は初めてこの議論に接して非常に教えられたのだが、これは私の主張を強力に支援してくれるものになりそうである。私は、九条の語るのは、「武器を捨てよ。国の安全を平和的手段で求めよ」との教えであると思っている。それが憲法前文の精神ではないか。

私は、日本国憲法全体がこの主張を支えていると言って良いと思う。何となれば憲法全体が「軍事権のカテゴリカルな消去」に協力しているではないか。繰返して言うと、日本憲法の十三条は、国民の生命、自由を軍事権外で守れと言っているのである。私は今までより更に、日本国憲法は良く出来ていると思うようになった。それを憲法改正などで汚してはならない。

第六章　防衛論と憲法問題（二）平和的防衛論の建設

「敵が攻めて来たら」という思考の陥没

これから論ずるのは国の防衛問題であるが、その際、防衛と並んで問題になるのは外交である。日本の外交姿勢はどうあるべきか。普通は一番重視すべきは国益であろう。しかしそれが問題を複雑化して問題解決を困難にする。実際その例をわれわれは見ることが出来る。

二〇一九年（令和元年）十一月、NHKは「スクープ・スペシャル　よみがえる悪夢１９７３年　知られざる核戦争の危機」と題して、五十年前、第四次中東戦争の裏面で起こっていた事実を報じた。これは最近になって、各国の機密資料が開示されるようになって分かったことだと言う。

イスラエルは第二次世界大戦後、アラブ人の住む中東パレスチナに新たに造られた国である。これに対して土地を奪われたアラブ人は国を越えて団結する。そしてイスラエルを潰そうとして中東戦争を繰り返して負け続けた。一九七三年（昭和四十八年）十月六日、エジプト大統領サダトは失った領土を取り戻そうと、突如イスラエルに攻撃を開始した。この奇襲攻撃でエジプトは最初の頃は大勝していたが、イスラエルがアメリカから武器補給を受けると形勢逆転。そこでサダトは、エジプトに武器貸与していた国、ソ連に停戦の仲介を頼んだ。ソ連首相ブレジネフと米国務長官キッシンジャーは、世界の問題は米ソ間で解決するとして、両国間で十月二十二日十八時五十二分での停戦合意が成立した。これに対してイスラエル首相メイアは「現在戦闘は優勢であり、停戦の相談もなかった。アメリカは、イスラエルの勝利を妨げる」と不満だったが、キッシンジャーはメイアに「駆け引きをしてもいい。停戦予定時刻から数時間以内だったら咎められないだろう」と言って宥めた。こうして戦争は続いたのだが、これが恐ろしい火種になって行くのである。

停戦が守られなかったのは、実際にはメイアのせいだが、ブレジネフはキッシンジャーに騙されたと思った。その時シナイ半島では、エジプト最強の第三軍をイスラエル軍が包囲して、エジプト軍は退路を断たれて戻れずにいた。この緊迫の状態、これをブレジネフは、メイアが直ぐにでも核戦争を始める覚悟の現れかも知れないとして、クレムリン郊外の核シェルターを緊急態勢に置いた。そして彼は、米大統領ニクソンに緊急書簡を送った。「ソ連は一方的に適切な処置を取る。キッシンジャー国務長官に裏切られたことをアメリカに伝えたい」と。しかしアメリカでは当時、ニクソン大統領が民主党本部に盗聴器を仕掛けたウオーターゲイト事件の追及を受けてノイローゼ気味で、機能不全になっていたのである。そこへ米情報機関が、核物質を載せたソ連船がエジプトに向ったという知らせを送って来る。夜キッシンジャーは一人で判断を迫られていた。十月二十四日二十三時四十五分、彼はデフコン３の指令を出した。デフコン３とは、直ちに核ミサイルを発射できる態勢で、千発以上がソ連に打ち込める。

ソ連は直ちにこのデフコン３を知ったが、ブレジネフは、そもそも目的はイスラエルを押さえるだけだったから、アメリカにどう対応すべきか分からなくなってしまった。政府内には核報復の声もある。こうして超大国のにらみ合いで、非常に危険な状態になったのだが、ブレジネフは辛うじて「差当りアメリカの核計画に反応しないで次の様子を見ること」にした。

一方メイアは「決定的な勝利を」として、包囲中のエジプト第三軍を壊滅させる積りでいる。キッシンジャーはそれに不安を覚えて「ソ連は最悪の場合には核弾頭を使う可能性がある」とメイアを説得する。するとここでメイアは思わぬ提案をしてきた。「サダトと会談出来れば停戦に同意してもいい」。これはサダトにとっては実行不可能とも言うべき条件であった。というのはアラブの首脳がイスラエル首相と会うということは、アラブがイスラエルを一つの国としての存在を認めることだからだ。しかしここに奇跡が起こった。二十七日、キッシンジャーにサダトから連絡が入り、メイアと会うと言う。この奇跡で核の危機が辛うじて回避されたのである。だがサダトにとって、これがいかに冒険であったか。それは彼がその後間もなく軍内部の人間に暗殺されたことからうかがえる。

キッシンジャーは言う。「真に怖いのは、政治的誤算や偶発的事件だ」と。しかし私は確信をもって次のように言いたい。危機が来るのは、国益を追求するからだ。真実と公正を追求する道理主義では、危機は絶対来ない。私は、外交は道理主義でなければいけないと思う。だから以下、国の防衛について私は、その立場で論ずることになる。

日本国憲法が公布されてから、これを平和憲法と称える声は多くあったが、考えて見れば、この憲法で国を守ると、きちんと論ずる人はいなかったと思う。例えば、先に挙げた芦部信喜は、九条は自衛戦争も否定している以上、市民が武器をもってゲリラ戦で戦うほかないとした。彼はこれを群民蜂起《ぐんみんほうき》と言ったというが、これが成功するわけがない。ゲリラやゼネストを説く人も後に少し出たが今はいなくなっている。

吉田首相も自衛と称する戦争を否定したが、では具体的にどう国を守るかは言わなかった。金森・憲法担当大臣も「各人が自己を保全すると言うことは固より可能なことと思いますから、戦争以外の方法でのみ防衛する」とは言っても、同様に具体的には何も言わなかった。だから日本は、直ぐ世論調査の「敵が攻めて来たら『戦う、降参する、逃げる』から一つを選ぶ」国になった。つまり戦争を考える国になったのである。さきに挙げた『中央公論』で北岡氏はそれを次のように語る。

「日本の目の前には北朝鮮問題があります。核武装を完成させた北朝鮮からミサイルが飛んで来て、犠牲者が出たらどうするのか。専守防衛の厳格な狭い解釈をしている限り、日本は何も出来ずにアメリカに『守って下さい』とお願いするしかない。本当にそれで良いのか。政府もそれで責任を果たしたと言えるのか」

戦前の軍国日本では、盛んに「アメリカが急に攻めて来たらどうするか」とか「ソ連が急に攻めて来たらどうするか」とか言って国の危険が叫ばれた。それと同じことを今、東大教授から国連次席大使に抜擢された経歴を持つ人も躊躇なく語るのである。

しかし日本国憲法は戦争を考えないのだ。憲法は「国際紛争解決の手段として」戦争を放棄した。これは戦争という戦争、いかなる戦争をも放棄したものと私は思う、専門家は、ここで「国際紛争解決の手段として」というのは侵略戦争のことだと言うが、自衛が必要になる原因というのも国際紛争であり、自衛の武力行使というのも、それ自体、国家間の紛争ではないか。そういう紛争全般に関して日本はそもそも戦争とは無縁となることを憲法に表明したのであった。憲法前文と九条がそれを語る。だから、われわれは完全に戦争の無い世界、道理の世界を作って行かなければならないのである。戦争は道理ではない。平和が道理だ。作るべきは道理の世界。するとそこに原理的に平和の世界が作られる。道理が自然を相手にしたとき科学の世界を作ったように。そして実際問題としても、われわれにとって憲法制定の頃より今の時代は、世界に道理を求めることが一層容易になった。それは世界に国際連合が存在するためであり、ほとんど全ての国が国際連合加盟国だからだ。少なくとも日本の周辺、全ての国が国連加盟国である。そこで先ずそれについて考えなければならない。

平和に関して国連憲章は原則を掲げた後、武力攻撃に対処するための条項を二つ設けた。こうして出来上がったのが全部でたった三つの章句だが、このように構成されているのは、武力攻撃は萌芽で処理したい、というためであろう。

「第二条四項（原則）　すべての加盟国は、その国際関係において、武力による威嚇又は武力の行使を、いかなる国の領土保全又は政治的独立に対するものも、また、国際連合の目的と両立しない他の如何なる方法によるものも慎まなければならない」

武力行使は禁止が原則であり、この第二条四項は「武力不行使原則」と呼ばれる。しかし憲章としては、これがあっても守らない国が出ることについての対策は、考えておかなければならない。そこで、そのような国に対処するために安全保障理事会は、決議によって国連の武力行使を認めた上で、それを実行する国連軍を結成して（第四十二条　軍事的強制措置）、集団安全保障の措置を取ることにしている。

ただしこの四十二条が動き出すまでには時間がかかる。ではその間の不法な武力行使にどう対応するか。被害国の自衛権はあるのだから、それを行使させることができる。国連加盟国間に武力攻撃が発生した場合には、被害国単独の個別的自衛権と援助の集団的自衛権とが許される。それが次の五十一条である。

「第五十一条　（自衛権）　この憲章の如何なる規定も、国際連合加盟国に対して武力攻撃が発生した場合には、安全保障理事会が国際の平和及び安全の維持に必要な措置をとるまでの間、個別的又は集団的自衛の固有の権利を害するものではない。この自衛権の行使に当って加盟国がとった措置は、直ちに安全保障理事会に報告しなければならない」

五十一条はこうして個別的自衛権と援助の集団的自衛権とを認定するが、ここで注目すべきことは、これらの自衛権を行使するためには、「国連加盟国間に武力攻撃が発生した場合には」の条件が必要なことである。自衛として武力行使するにも、「武力攻撃が発生した場合には」というはっきりした「理由」が無ければならない（この「理由」というのを、もっと普通の言葉で言えば、「武力攻撃を受けた場合には」である）。これと違って武力攻撃を受けてもいないのに武力行使することは、どんな場合でも国連憲章では「慎まなければならない（第二条四項　武力不行使の原則）」のである。

そうすると九条を持つ日本の防衛は、これで定まった。武力不行使の日本を武力攻撃する国Xは、この攻撃は自衛戦争だと強弁できないのだ（五十一条　自衛権）。何となれば日本は憲法九条で、攻撃国Xに武力行使しないのだから。憲章の第二条四項（原則）は、そういう対日攻撃国Xに対して、「慎まなければならない」と言って武力攻撃を初めから認めていないのだ。だから日本は、武力攻撃する国Xに対して、正論で打ち負かす絶好の機会を持つのである。国連憲章の「軍事的強制措置　四十二条」については既に説明したが、それ以前に国連憲章には、第四十一条（非軍事的強制措置）という非軍事の規定があって、「安全保障理事会は、その決定を実施するために、兵力の伴わないいかなる措置を使用すべきかを決定することができ、且つ、この措置を適用するように国際連合加盟国に要請することができる」と言論の戦いが正式に掲げられているのである。このようにして攻撃国Xの武力攻撃の国連憲章違反が、安保理によって宣言され、世界に知らされるのであり、ここで更に心強いのは、安保理の決定した措置を履行する義務が、全加盟国に対して定められていることである（第四十九条　加盟国の相互援助義務）。

　言論の場はこれだけ整っているのである。さて日本は、武力攻撃を受けた場合どう出るか。九条を持つ国として徹底的に言論の戦いへと持って行けば良い。先ず攻撃を止めさせることだが、当然なすべきことは直ちに攻撃国Xに対して攻撃停止要求や国際法違反通告をすることである。これは、交戦停止通告でも停戦、休戦、降伏でも、何でも構わない。戦争が中止になりさえすればいい。つまり言論での意見主張が始められる状態になれば、それで良いのである。そこで日本は即刻、安保理に国連憲章の第四十一条（非軍事的強制措置）を要請する。つまり日本は、攻撃国Xに対して言論で処理することを表明するのだ。討論の場を設けて貰うことの要請である。国連安保理は、四十一条よりも憲章第四十二条（軍事的強制措置）を使いたいだろうが、憲法九条の日本は、軍事力によらない解決を目指さなければならない。後は言論戦での日本の努力、力量の問題だが、それは簡単なはずだ。何となれば、日本への攻撃国Xは国連加盟国ながら、明らかに憲章違反をしていて、日本は忠実に憲章遵守をしているのだから、単純に国際法で処理するだけの話なのである。安保理は、国連憲章という国際法の権威のためにも日本を守り、攻撃国Xを罰しなければならない。その義務もあるのである（第四十九条　加盟国の相互援助義務）。

　こうして問題は簡単に解決されるのだが、そもそも今の時代、攻撃国が日本を侵略することはもう不可能になっているのだ。かりに日本を占領しても日本の国内法、つまり憲法以下の全法律が、これに立ちはだかるからである。侵略国がこれを変えようとしても、法の改正は日本国民でないと出来ない。今という時代は「敵が攻めて来たら『戦う、降参する、逃げる』から一つ選ぶ」の時代ではないのである。

これに関連して、今は人民の意志の尊重が世界の原則にもなっていることをここで是非言って置かねばならない。それは、国連憲章の「人民の自決の原則」である。国連憲章は第一条第二項に、それは次のように記されてある。

「第一条（目的）　国際連合の目的は、次のとおりである。

第二項　人民の同権及び自決の原則の尊重に基礎をおく諸国間の友好関係を発展させること並びに世界平和を強化するために他の適当な措置をとること」

人民の意志の尊重、このことは近頃急激に脚光を浴びることになった。イギリスのＥＵ離脱において、国民投票の力の強さが、他の何ものをも寄せ付けない強さとして、政治の中で一人歩きをしているように見えるほどだ。投票の結果はもう動かせない絶対なものとして、政治家が振り回される。ところが今回のイギリスの投票結果というのは、離脱と残留が半々位で、離脱がやや多い程度だが、それでも結果は絶対視されて強い。だからもし、わが国が侵略されて、国民投票で侵略者の占領を認めるか、占領軍に退去を求めるかを問うなら、退去を求める声が圧倒的多数になるに決まっているから、人民の自決の原則は、占領軍を追い出す決定的な力になるはずである。

これらは実際には容易でない仕事となるかも知れないが、ハル・ノート受諾作業に比べれば何でも無いことだ。われわれは、三百万、二千万、計二千三百万の死を作った反省の下に、道理を貫くのが当然だと考えたのではないか。

人民の自決の原則について付記しておきたいのは、この原則に基づいて植民地独立付与宣言が一九六〇年（昭和三十五年）の国連総会で反対ゼロで承認されてから、独立が至上命令になって百以上の国が独立したことである。今や国の独立を脅かすことは不可能になっているのである。

以上が私の平和的手段での防衛の大筋で、私はこれで話を済ませた積りだった。しかし世の中そう甘くないようである。国連加盟国が全て公正に動くわけではない。自国の利益のために憲章を曲げるような動きをすることがある。その最たるものは安保理の常任理事国の拒否権発動である。五大国のうち一国でも拒否権を発動すると、安保理の機能が止まる。今ここで論じている問題においても常任理事国の対立が絡み合って拒否権が行使される可能性がある。その不都合を防ぐためには、どの国とも関係を良好にしておく必要があるのだ。それは、国連の活動を良好にするために不文律として各加盟国に課せられた義務というべきものであろう。

北朝鮮と国交を結べば拉致問題は解決

日本は今、北朝鮮と正常な関係にない。北朝鮮とは正常なつきあいができないと思われている。北朝鮮は特別な巨悪の国ではないか。北朝鮮の金日成、金正日、金正恩と続く「王朝」は絶対権力が支配者一人のみに集中していて、国民全て、いささかの反対も言えないのではないか。国家がそういう組織になっているのではないか。事実最近は、金正恩委員長は異母兄・金正男氏をマレーシアで毒殺したが、その罪を韓国になすりつける捏造工作までしたとのニュースが伝えられている。またかと思う。北朝鮮はそれまでも、ラングーン爆破テロ事件、大韓航空機爆破事件などを引き起こしてそれを隠した恐るべき国なのである。

しかし今、我々が北朝鮮を決して許せないとしているのは、もちろん拉致問題のゆえにである。北朝鮮は、日本人に対して人攫《さら》いをやった。北朝鮮工作員は密航船で日本に来て、一人だけの状態にある人間を見付けると、襲って袋を被せて船に引込み、北朝鮮に連れ去るということをした。しかもそれを何人に対してもやった。帰校途中の中学一年の横田めぐみさんにもやった。そして何人をも死なせた。われわれは、このような犯罪を絶対に許せない。人道上からも、国民感情からも許せない。

しかし逆説的に聞こえようが、そういう許せない国だからこそ、正常な国交関係を持たなければならない。考えてみるがいい。もし北朝鮮に日本の大使館があったら、横田めぐみさんは駆け込むことが出来たかも知れない。拉致事件かと思われた早い時期に、大使館を通じて北朝鮮に問い合わせることも出来た。そうしたら、こじれないうちに解決へと向ったと思われる。それが外交である。交渉には、こちらに落ち度の無い状態で始めるのが是非必要なのだが、日本国政府も日本国民もそういうことは少しも考えない。

今、日本と北朝鮮の間には国交が無いのは、日本が北朝鮮と国交回復の条約を結ばないからだ。

日本が北朝鮮に賠償金を払おうとしないからだ。これは徹底的に日本が悪い。

根本的には問題は、日本が朝鮮半島を三十五年間植民地にしたことにあるが、更にこの半島を戦後、韓国と北朝鮮の二国に分裂させた責任も、日本人には自覚が無いけれども、日本にあるのだ。ポツダム宣言が日本に一九四五年（昭和二十年）七月二十七日に送られて、日本政府が直ぐ受諾すれば、こんなことにはならなかった。ポツダム宣言には、「日本国国民の自由に表明した意志による平和的傾向の責任ある政府が樹立されれば、直ちに占領軍は日本から撤退する」となっていたのだから、敗戦国としてはこれで十分だった。ところが内閣も軍も、もっと明確な天皇の地位保障を、と求めて受諾回答を遅らせた。その間に、日本の知らない間に作られた国際法違反の米ソ間のヤルタ秘密協定（日本とソ連の間には日ソ不可侵中立条約があった）によってソ連の対日開戦となり、ソ連が満州・朝鮮に侵攻したのである。これが朝鮮半島の南北分断を生じさせたのだから、北朝鮮が問題のある国であっても、日本は頭を下げてでも国交を樹立すべきである。それが道理だからだ。そして普通に外交をすべきだ。

しかしこの扱い難い国と具体的にどう付き合うか。注目すべきは、北朝鮮が案外まっとうなことを言っている点である。

「北朝鮮は絶対に核兵器を最初に使用しない」「核実験は、米国の核脅威と制裁圧力のためと、国の自主権と生存権を守るためだ」「朝鮮半島の非核化は故金日成の遺訓で目ざすところだ」

これらは言質として北朝鮮を縛る。だから交渉はそう難しくないはずで、日本は早く北朝鮮と国交開始の条約を結び、韓国、北朝鮮を招いて半島統一の会議へと進むべきだ。それこそが日本の責任であり、義務である。そして、これが日本の安全保障なのである。

国連憲章の人民自決の原則

しかし国の防衛を本当にきちんとするためには、万一に備えて色々考えておかねばならない。以下それを順序不同に述べて行くことにする。

先ず最初は国内法のことだ。これまで国連憲章のことだけを論じて来たけれども、国内法で侵略者を正当に処分できると知っておかなければならない。侵略者が日本に入る時、ここは日本の領土なのだから、通用する法は日本の国内法であり、侵略者は不法入国者だから、本来は日本の法律だけで処理出来るはずであり、それが法というものである。そして厳然たる事実として、侵略者は日本の国内法を変えることは出来ないのだ。さて、あるのは日本の法と国連憲章だけ。その認識の下、日本は停戦でも休戦でも降伏でもとにかく交戦を停止させれば良い。その状態で、安保理の理事国に関係なく国連憲章のみを武器として、憲章の条文通りの論理で、憲章違反の侵略国に頭を下げさせる事が出来る。その間、侵略国に無法な事をさせないよう監視すること、これこそ自衛隊がやるべきことである。その状況のもと、侵略国に正当な言い分が出せるはずがない。彼等は引き上げるしかないのだが、日本の法学者はなぜこういう当たり前のことを考えないのだろうと、私は不思議でならないのだ。

私は、もうずっと前から以上のような意見だったので、法律や政治の専門家に会うごとに、これについての意見を聞くことにしていた。しかし、まともに答えてくれた人は何と、ゼロだったのである。

最初に私が聞いたのは、交戦停止の要求を無視して侵略軍が入って来た時の法律についてである。この時、日本は戦争に入らないとの申し入れを相手国にしたのだから、戦争の状態にはないだとすると前述のように、この地で通用するのは日本の法律だけである。その中に侵略軍がやって来たら、そのことだけで日本の法律への違反だ。少なくとも出入国管理令違反になる。もう四十年以上前だが、私はある会合で同席した国立大学の憲法の教授にこの問題を尋ねてみた。私が手短にしか喋らなかったからか、彼は私の問いには直接答えず、別な方面の話に持って行った。そこで再び、私が自分の意見を述べると、彼の意見はこうだった。

「そうですね。貴方の言うことは理屈としては成り立ちます。しかし軍隊に旅券は要らないんですからね。いや、今までそういうことは考えてみませんでした。これから考えます」

彼がその後、考えたかどうかは知らない。確かなのは、彼が以後、私に何も連絡してくれなかった、ということだけである。

次に人権問題が専門の弁護士に、これも事のついでに尋ねた。私が例の出入国管理令違反のくだりを述べると彼は

「やあこれは盲点だ」

と少し意表をつかれたようだった。そして私に言った。

「貴方は素人だと言われるけど、この問題には専門家はいないんですからね」

これが彼の結論である。

私は、ある有名な歴史家と政治学者にも手紙で問い合わせたのだが、歴史家は「外国軍隊に適用されるのは戦時国際法です」と簡単にハガキで返事をくれたきりで、全く公式論的な気がして、私もそれ以上議論しなかった。戦時国際法の「戦時」に入ったと自ら認めるというのか。それは事実と違うし、論戦に臨む人間としては敗北主義ではないか。私は、そういう理由の無い旧套を打破しなくてはいけない、と言っているのである。政治学者は「私の考え方と大筋で一致します」ということだった。この人は非武装論者である。

その後、私はある公法学者の「法の支配」という講演の折に質問してみた。この演題の格調の高さが示すように、彼は非常に高名な学者である。私は次のように尋ねてみた。

「法の支配というのは、いつ通用しなくなるものでしょうか。外国に侵入されて、軍隊にやって来られたら通用しなくなるのですか。もしそうなら、その法的根拠を御教え下さい」

私はフランスやベルギーの憲法に、交戦中あるいは外国に占領されている時は、憲法を改正してはならない、という条文があるのを頭において尋ねたのである。つまりそういう条項が効力を発するためには、占領中といえども憲法は通用していなければならない。

しかしその公法学者は、私の質問の意とするところが汲み取れない、というように聞き返したので、私は会場で再び立ち上がって、同じ質問をフランスやベルギーの憲法に言及しながら説明した。公法学者の答は次のようだった。

「法のあるべき姿と現実とは、また話が違います。占領されて憲法が隷属されることがあるかも知れません。ポツダム宣言の時がそうでしたね。しかしその時でも、占領軍命令を超える法はあるでしょう。自由とか基本的人権とかに関してです。ま、あまりお答にはなっていませんが」

ポツダム宣言の時は、日本合意の上での占領だった。私の聞いたのは、日本が合意してない時の占領だ。しかし、私はもう重ねて質問しなかった。礼を失するように思ったし、憲法学者が私の問うたような場合を想定して考えを展開したことがある、とは思えなかったからである。著名な憲法学者の二人が二人とも、そういうことを考えてもみなかったらしいと知って、私は愕然とする。素人は一体、誰に聞けばいいのか。

二〇〇三年（平成十五年）になって私は二回、こういうことを聞く機会を持った。一つはある会で最高裁判事だった人と、たまたま立ち話することになったのを捉えたのである。私はこの年、イラク戦争が始まったのを利用して聞いた。

「イラクにアメリカ軍が入った時のように、外国軍隊が入って来た時、一般論として国内法はどうなるんですか。何か国際法はあるんですか」

すると元判事は何だか頼りのないことを言った。

「難しい問題ですね。法律は社会が安定している時のものなんです」

それから彼は余り中身の無いことばかりではいけないと思ったのか、付け加えた。

「外国軍隊が入った時というのは、ポツダム宣言を受諾した時のようなものでしょうね」

何だ、ずっと前、公法学者が言ったことと同じじゃないか。私はまたも、質問をかわされた。

この年、私はもう一人、国立大学教授の著名な国際政治学者にも聞くことになった。「アメリカの戦争責任を問う」という題での集まりで、講演者の一人として、国際法学者が話をするという。その終りに質問が許され、私は最後に番を貰って聞いた。

「最近私は、米軍がイラクに入って適用される法律は何であるべきか、元最高裁判事に聞いたのですが、答えて貰えませんでした。一般論としてお尋ねします。日本が、外国軍隊に入られた時、法律はどうなるんでしょうか」

すると、これが一番最後の質問で時間が迫っていたからか、国際法学者の答は驚くほど簡単なものだった。

「日本の法は、内閣が提議して議会が決めます」

私がそんな入門書のような答を求めているのでないことは、質問全体から明らかではないか。しかし、それ以上尋ねることが出来る雰囲気ではなかった。そして、これで私が法学者たちから聞くことが出来た全ては終った。しかし宙ぶらりんだ。私は今でも、国内法で国を守ることについて、法律の専門家にきちんと聞いてみたいと思っているのである。

ところで国内法の問題にこだわって考えているうちに私は大変なことを思い付いた。国内法というのは国連憲章の人民自決の原則のはっきり体系化されたものではないか、ということだ。国内法は確かに国内でしか通用しない。しかしそれは人民自決そのものではないか。国内法は国民の意志でしか動かせない。主権者・国民が定めたものだからだ。外部からの力は無力である。国民の自決というのは正にそういうもの。だから国内法は強いのだ。私は強いということを確信していたが、なるほどそれは、人民自決という普遍妥当の理念の国内版だったからだ、と分かった。私はここに国内法というものについての理解に非常な力を得たと思う。国内法イコール人民自決の原則なのである。

防衛問題で最後に一言。防衛問題で裁判所が示す処置についても私は不満を持っている。裁判所の判決には、今やいつも例の統治行為論がその主張としてあるのだ。統治行為論というのは、「国家統治の基本に関する高度な政治性を有する国家の行為については、法律上の争訟として裁判所による法律判断が可能であっても、これゆえに司法審査の対象から除外する」という「理論」で、裁判所が正面からこの統治行為論を振りかざすことがないにしても、その雰囲気で議論を進める。砂川判決の最高裁判決はまさにその一例だったと思う。

砂川事件というのは、東京都砂川町（現立川市）の米軍基地拡張工事に反対するデモ隊が境界柵を壊して数メートル基地内に侵入したのを起訴した事件で、一審の東京地裁（裁判長・伊達秋雄）は、一九五九年（昭和三十四年）三月三十日、「日本政府がアメリカ軍の駐留を許容したのは、指揮権の有無、出動義務の有無に関わらず、日本国憲法第九条二項前段によって禁止される戦力の保持にあたり、違憲である」と、事件のもとになる日米安全保障条約が違憲であるとして全員無罪の判決を下した。

これに対し、検察側は直ちに最高裁へ跳躍上告。最高裁大法廷（裁判長、田中耕太郎長官）は、同年十二月十六日、「憲法第九条は日本が主権国として持つ固有の自衛権を否定しておらず、同条が禁止する戦力とは日本国が指揮・管理できる戦力のことであるから、外国の軍隊は戦力にあたらない。したがって、アメリカ軍の駐留は憲法及び前文の趣旨に反しない。他方で、日米安全保障条約のように高度な政治性をもつ条約については、一見してきわめて明白に違憲無効と認められない限り、その内容について違憲かどうかの法的判断を下すことはできない」として原判決を破棄し、地裁に差し戻した。統治行為論が採用されたのである。

この田中判決の憲法解釈は、現在の政府解釈や木村草太氏の主張と同じではない。木村氏らは、九条二項を「武力行使を一切禁止」としている。すると「戦力の不保持」が原則となる（この限りでは私も同意見である）。さてこのために、政府も木村氏も「日本が保持するのは戦力でない」と言うのに苦労して、日本が持てるのは「自衛のための必要最小限を超えない実力」だと言って来たのである。では在日米軍の戦力はどうか。これは世界最強の戦力だから、もちろんこれが九条二項に触れる戦力であることは明白だ。だからその戦力が日本にあってはいけない。田中判決の正当性は、現在の政府解釈や木村理論の下では通用しないのである。

繰り返すと田中判決は、「外国の軍隊は戦力にあたらない」と言う。しかし九条は原則問題として「戦力はダメだ」と言っているのだ。ところで、同じような問題は核兵器についてもある。日本は「原爆はダメだ」と言う。それなら「アメリカの原爆はどうか」だが、この場合、日本は「原則的にダメだ」と明言する。非核三原則を見よ。「核兵器は持たず、作らず、持ち込まず」だ。「日本で核兵器がダメなら、アメリカの核兵器の持ち込みもダメ」なのだ。それなら同じく「日本の戦力がダメなら、アメリカの戦力の持ち込みもダメ」となるのが論理というものではないか。「日米同盟」は日本国憲法の論理に合わないのである。

以上の他、この田中判決というのは、もっとひどいものであることが最近見出された資料によって分かって来た。その資料というのは、二〇〇八年（平成二十年）国際問題研究者の新原昭治氏によって米国立公文書館で見出されたもので、駐日米大使マッカーサー二世が国務長官に宛てた電報等十数通。内容は一九五九年（昭和三十四年）田中耕太郎長官が最高裁に跳躍上告された砂川事件の審理状況を大使に伝えたものである。田中は十五判事の評議内容を詳しく伝え、少数意見を封じたいと大使に語った。マッカーサー大使は、伊達判決を潰すとする田中を絶賛する手紙を国務長官に送り、全員一致の破棄判決は田中の政治的手腕だと称えた。しかし田中は裁判の評議の秘密を漏らしたのであり、裁判情報漏洩の裁判所法違反をしたのである。実に国家を材料にした犯罪が堂々となされたのだ。しかもその法の違反というのは、司法の長官、最高裁判所長官によってなされたのである。これは絵に描いたような宗主国に対する属国の役人の典型といううべき隷属の行為ではないか。

田中の行動は、田中の人間の現れであり、田中の判決も田中の信条の現れである。恣意的な行動、恣意的な判決、共に同一の精神に由来する。日本はこういうものによって動かされてはいけないのだ。国の防衛は、こういう属国の役人がするようなものであってはならない。堂々と道理主義で貫かなければならない。そうでなければ二千三百万人の犠牲者に申し訳ないではないか。

第二部　第一章　戦争について考えたこと、実行したこと

「戸締り防衛論」という「常識」

これから扱うのは前世紀末の一九七〇年、八〇年から数十年の間に生じた戦争のことだが、戦争のことになると、人々の意見は決まって「戸締まり論」一色になる。そしてその具体的な発言から、人々の考え方というのが知らされる。それらは例えば新聞の投書欄に相変わらず繰返し載せられる同種類の主張であって、これが世の人たちの気にしていることであると伝えてくれる。

「かりに日本憎しという国が攻撃してきたらどうしますか。諸手を上げて日本人は攻撃しませんからと、相手の言いなりになれというのですか。外敵が攻めて来たら、自身を守り、家族を守り、国を守るために戦わざるを得ないじゃないですか」

この素朴な感情は防衛のトップも同じである。ＮＨＫのある防衛を論ずる番組で、会場に集まった人を前に、防衛庁長官（当時）が言った。

「一家の中でも考えてみて下さい。昔は一家の主人が今夜、泥棒が入らないかどうかと言って、必ず戸締まりしたんです。自分の力でまあ、泥棒ぐらいは入らないように努力しよう。それは、だから自衛隊の力です。しかし泥棒がピストルを持ったり、大きなナイフを持って来たりした時、我が家にピストルも持ってないから、それはアメリカとよく同盟関係を結んで、その自分の

家を守ると同時に、周辺の安全も確保しようということで、この日米安全保障条約が結ばれて、日本の安全と地域の安定は保たれている」

この「戸締り防衛論」に対して、改憲派、護憲派を問わず、会場から疑問の声や質問の声はちっとも上がらなかった。つまり、これが防衛に関して皆の持つ共通認識なのである。

護憲派の方から時に聞かれるのは、侵略に対してデモやゲリラで対抗しよう、というカボソイ声である。弱い声だから尚更、屈曲したものが背後にあるのだろう。私はある「九条の会」の発足会で、壇上でギターの弾き語りでトークをする人が「敵が本当にやって来たらどうしますかね。私も困っちゃうんですよね」と言って聴衆を笑わせるのを見たことがある。「侵略されたらどうするか」の心配は、護憲派にとっても出発点なのである。

そこで、ここでの話も先ず最も素朴に、あの投書のように「理由もないのに侵略されたらどうするか」についての、漠然とした感じから出発することにしようか。この時、われわれ、自分自身を侵略される側の人間として考えるのだから、やはり一般にはここで、問題のある国、いわゆる「ならずもの国家」を泥棒のイメージで思い浮かべることになるだろう。隙があれば忍び込むという、あの泥棒の姿である。これにはもちろん、対応策を立てる必要がある。それで「戸締り防衛論」が出てくるのだが、こうして防衛庁長官は、近隣諸国の中に、普通の泥棒やらピストルを持った泥棒やらを並べて警告したのであり、これが常識的な考え方なのであろう。

しかし、のっけからだがこの常識論に対しては、この譬《たと》えが正しいかどうか、ちゃんと「事実と論理」をもって調べて行かないといけない。それは、今の世界で本当に「ならずもの国家」イコール泥棒だろうか、という点だ。これについて私は、国家である以上、論理的な議論をせざるを得ないことを北朝鮮の意見表明の例をもって説明した。国家は泥棒ではない。防衛のために求められるのは、政府の外交努力なのである。しかし外交は大抵、いつも型通りのお座なりなやり方しかしない。例えば次のような調子だ。

一九八五年（昭和六十年）十一月二七日、参議院外交、総合安全保障に関する調査特別委員会外交問題小委員会で参考人として西堀正弘前国連大使が招請されて、自民党の石井一二議員が質問した。

石井議員「過去の日本のこういった国連関係あるいは軍縮委員会等の核軍縮という観点から見てみますと、核実験の禁止だとか核物質の生産禁止等を強く叫んでおりますけれども、こと核不使用の決議ということになると、今まで言っておったことと逆に、米国に同調してそれに反対あるいは棄権するという、やや卑怯ともいうような態度をとってきておる節があるように思うのです」

参考人「核不使用の決議になぜ日本は妙な投票態度をとるか、しかもその投票態度がその年々によってくるくる変わる。おかしいじゃないか、とおっしゃいました。その通りでございまして、われわれと致しましては、対米考慮ということがなければ、もっとすっきりした投票態度がとれるわけでございますけれども、やはり先程ちょっと申し上げましたように、日米関係というものが日本にとって有しているところの圧倒的重要性ということを考えますと、現実外交の場におきまして、心ならずもその時々の状況によりまして投票態度が必ずしも一致しない、ないしは本当に純粋に考えた場合に日本はこうあるべきである、という投票態度をとり難い実情があると言うことだけ申し上げたいと存じます」

こういう状況の下、一九七〇年代から八〇年代にかけて、しきりにソ連の北海道侵攻が語られた。「一九八X年、ソ連軍北海道に侵攻」というような本や記事が沢山書かれ、売れた。ソ連が現状を打破しようとして戦争が起こるのだという。例えばソ連はキューバ危機以来、海軍力を増強したが、老朽化による性能の衰えもあって海軍力のピークを維持していられなくなる。となると何らかの行動に出ることで活路を見出さなければいけなくなるが、それが八〇年代後半であるという。この危険を唱えたのは元米国務長官のキッシンジャーであった。あの第四次中東戦争で核ミサイル発射の態勢（デフコン３）を指令したキッシンジャーである。ソ連の石油の生産量のピークも八〇年代後半、労働人口もその頃最低と危ぶまれ、これらが切っ掛けになるとも言われたのである。

ソ連が戦争をする目的も色々挙げられた。世界の変化、膨脹欲、南下政策など、これらは常に述べられるものだが、特に日本に対しては技術力奪取のためという。そして戦争開始のシナリオとしては、コンピュータ誤作動による第三次大戦発生ということから、中近東、朝鮮半島の戦争の飛び火、更にはソ連の日本への国内干渉、強引な要求ということまである。これらを論ずる人のなかには、元統合幕僚会議議長とか元国防会議事務局長とかがいたのみならず、日米安保協議委員会の事務レベルでもこのような筋書きが取り上げられたのである。事実一九八七年（昭和六十二年）の筋書きは、中東などでの米ソの軍事衝突が極東に波及して、一カ月後にソ連が北海道侵略を開始するというものだった。

元外務事務次官の法眼晋作は、それをもっと具体的に次のように語った。

「ソ連は北海道にだって来るよ。偉い人たちでも、北海道には脅威じゃない、なんてことを言っているノンキな人たちがいるが、明白な脅威だよ。日本は資源がないから狙われない、なんて言う人もいるが、アフガンだって資源なんか無いじゃないか。実は、日本にはソ連がヨダレが出るほど欲しがっている資源がある。工業力だよ、技術だよ。とにかく日本人は、ソ連に対する認識を根本的に変える必要がある」

要するに「戸締まり論」を語っているのだが、同じようなことを評論家の長谷川慶太郎が説いた。

「日本の優れた技術力、工業、良港を支配したいために対日侵攻はあり得る。では、ソ連が日本に侵攻するとすれば、その目的は何か。それはまさに『日本の技術力』である」

恐らくこれらが当時の最も「理論的な」ソ連侵攻論だっただろう。そして実際問題としても、防衛庁は五十トン級戦車を多数購入配置して音威子府《おといねっぷ》に防衛線を置く訓練もした。

日本がこういうソ連の北海道侵攻論で何となく不安な気分になっている正にその時、ソ連がアフガニスタンに侵攻するという事件が突如起こった。当時アフガンは、王制が倒されて間もない状態だったから、アフガンという国には色々大きな変化が起こっていたのだが、日本にとっては、それは中東の余り縁のない国だったから、当時われわれは、その状勢に気付かなかった。だから事件はまったく突然だったのである。

そのアフガン政権の変化というのは目まぐるしく、しかもはっきりしないところがある。一九七三年（昭和四十八年）、クーデターで王制が倒れ、ダウドが政権を握ったが、七八年、アミンやカルマルの人民民主党と軍のクーデターでダウドは殺害され社会主義政権となった。そして十二月にソ連との間に友好善隣協力条約が結ばれた。ところが七九年（昭和五十四年）十二月にアフガン政府の要請を受けてソ連はアフガンに進攻し、アミンは殺害され、カルマル政権となるのである。このように変化はまったく予想がつかず血腥い。これに世界は驚き、一九八〇年（昭和五十五年）のモスクワオリンピックはアメリカ、日本など、多くの国がボイコットした。そしてソ連の北海道侵攻は、ますます現実の脅威として語られるようになったのである。

非武装中立論と無抵抗降伏論

ところでこの頃のわが国の論調はどうだったのかと言えば、もちろん一般的な空気としては政府に組する主張が主流で、これはずっと変わりないのだが、異色の意見が二つ出た。社会党書記長だった石橋政嗣の『非武装中立論』とロンドン大学教授の森嶋通夫の「無抵抗降伏論」である。

石橋は、護憲反戦の社会党の立場からの意見だから、党の方針通り日本国憲法を護ることから説き、自衛隊が違憲である状況を述べて、現在の問題を語る。彼の著書は〝「戦前」への動き〟で始まり、〝強まる制服組の発言力、日米共同作戦、軍事費と死の商人、仮想敵国ソ連と「日米共同防衛」〟と続き、最後に「非武装中立」を語るのだが、恐らく読者にはこの最後が一番期待するところであっただろう。しかし石橋は新しいことは何も語らず、ただ軍事では国は守れないと言うのみであった。では「非武装中立」は実際のところどうするのかと言えば、侵略者に対してはデモ、ハンスト、ボイコット、ゼネストなどで対抗し、場合によっては「降伏した方がよい場合だってあるのではないか」と言う。これでは到底説得力があるとは思えない。しかしそれでも当時、『非武装中立論』はベストセラーの一つとなっていたのである。だがそれは矢張り徒花《あだばな》ともいうべきで、「非武装中立」も社会党もこの後、衰退の一途をたどりやがて消えたのだが、そもそも私は「非武装中立」という言葉に価値があるとは思わない。「非武装中立」の「中立」というのは、自分の主張を明確にせず洞ケ峠に引きこもっている、というような弱い響きでしかない。ここでもし石橋に、あるいは社会党に強く主張できるものが本当にあるとすれば、それは非武装で且つ平和を守れるというものでなければならない。しかし石橋にはそれが出来なかったから、彼は委員長になったものの直ぐに引退して、社会党も滅びてしまったのである。

森嶋の「無抵抗降伏論」は、早大客員教授関嘉彦との論争における森嶋の主張である。森嶋は文化勲章受賞の経済学者で、阪大教授からロンドン大学教授となって日本を離れていたのだが、一九七八年（昭和五十三年）日本に戻ってみると旧知の関嘉彦が国防論者になっていたのに驚いたという。関は新聞に、前大戦でスイスが中立を守り得たのは、スイスが国民皆兵で、国を守る意識が強かったためであるとして、日本もこれを参考にすべきだと書いていた。それを森嶋が読んで、日本の変化に警鐘を鳴らさねばと決して、それから論争が始まったのである。森嶋は、スイスを守ったのは、中立国として交戦国間の交渉を引き受けるスイスの外交力だったと主張する。森嶋は外交交渉などを「ソフトウェア」と言って、日本が平和を守るためには、この「ソフトウェア」の力を持たねばならないと言う。ちなみに森嶋の言う「ハードウェア」とは武器のことである。森嶋も石橋と同じく日本は地理的に武力で国を守るには向いていないと言う。彼は、議論の都合のためにと、仮想敵国をソ連として話を進めたのだが、ソ連と軍事的に対等にやり合うためには核兵器も持たなければならず、わが国は到底やっていけないと先ず述べた。ではアメリカとの同盟に頼るのかと言えば、アメリカが日本を自国のように扱うわけがないから、これも期待出来ないと語る。彼は「ソフトウェア」の外交、国際文化交流、経済協力などの力で戦争回避を説くのだが、それでも敵が攻めて来たら、というところで突如、「毅然として威厳を保ちつつ秩序整然と降伏する」と言って、世の人全てを驚かせた。これで森嶋白旗論とか、白旗赤旗論とか言われるようになったのだが、この点を彼の言葉で語ると次のようになる。

「万が一にもソ連が攻めて来た時には自衛隊は毅然として、秩序整然と降伏するより他無い。

徹底抗戦して玉砕して、その後に猛り狂ったソ連軍が殺到して惨憺たる戦後を迎えるより、秩序ある威厳に満ちた降伏をして、その代わり政治的自決権を獲得する方がずっと賢明だと私は考える」

これに対して好意的な意見は無かったように思う。ほとんどが森嶋を単なる敗北主義者とした し、少しコメントがあるとしても、一体「政治的自治権を獲得することがどうして出来るか。諸国から軽侮を受けるだけに終わるだろう」と、森嶋白旗論を相手にしなかったのである。私も森嶋白旗論には同意しない。ただし森嶋が侵略軍のしかけた戦闘に白旗で降伏をするのがいけないというのではない。降伏後、侵略されたわれわれが、敗北で終わるのがいけない。侵略軍は犯罪者なのだから、侵略された側、われわれが勝者にならなければいけないのだ。「そんなことが出来るのか」と疑問の声はすぐ上がるだろうが、それは確実に出来る。

考えても見るが良い。侵略国は、武力不行使と人民自決とを原則とする国連憲章を破って日本に攻撃を仕掛けて来たのである。その侵略国とは、ともかく国連憲章を守ることを誓って国連に加入することが許された厳然たる国連加盟国に他ならない。それ故に戦闘停止後、そのような国との言論での対決において、日本が侵略国に問い糾すべきことは、正にその国が承認したはずの国連憲章を破ったという明白なる犯罪行為、明白な違反の事実、そのものについてである。ここに侵略国が言い逃れる余地は全く無い。それは事実と論理の簡単な問題なのだから、日本は容易に勝てる。これが道理主義に基づく非武装防衛必勝論の道理の主張である。われわれは、戦闘を中止させるのに白旗で降伏してちっとも構わない。後の言論戦で必ず勝てるのだから、私の白旗は「勝利の白旗」なのである。これに対して森嶋の白旗は「敗北の白旗」で、ここがいけない。ここに天地の違いがある。ではなぜ違いが出て来たか。森嶋の「ソフトウェア」は良いのだが、これは損得の経済学の思想に由来する。そこで、争いの最後に「秩序ある威厳に満ちた降伏をする」と言っても、これも損得の問題に過ぎない。だからその結果、不都合が生じても目をつぶるだけになってしまう。これに対して私の立場は、道理主義、つまり思想の主張なのである。だから不正が許せるはずがない。こうして道理主義は、それが正しい立場だから負けることが無いのであり、これが、私が非武装必勝論を説く所以である。

この白旗、これが人の嫌がるところであることは私も知っている。だがこれは「韓信の股潜り」で、目的を達成するための必要手段と思えば何でもない。私自身、個人的にこれを経験したことがある。それはもう四十何年も前、つくば市が、新しい研究学園都市としてやっと建設に取り掛かった頃だ。雨の日、私は夜遅く東京での用事を済ませた後、ＪＲの駅からつくばの私の家へ車で帰るところだった。道路は建設中で舗装がない。ぬかるみにはまると危ないと思っていたのにはまってしまった。そこへ対向車のトラックがやってきて止まった。私が道をふさいでトラックも動き難くなっていたのだ。しかしトラックにちょっと引っ張って貰えれば私は脱出できる。私はロープも持っていた。しかしトラックは通り抜けられると思ったのだろう。注意しながら動いてそれに成功すると、運転手は状況を見るために降りて来た．すると、スレスレに進んだからだろうが、私の車を傷つけていたことが分かって、私がそれを指摘すると彼は怒り出した。道路を塞いでいたのがいけない、あやまれと言う。確かにふさいでいた。仕方がない。私が頭を下げると、そんなことではいけない。土下座しろと言う。泥道、そこまでしなくてもと思ったが、私は従った。服は泥だらけになったが、私はトラックのナンバーを記憶した。それは中部地方の車だった。翌日私は警察にこの話を伝えて置いたところ、数日して警察から連絡があって、容疑者を同定するために来て貰いたいと言う。出頭すると、私は覗き窓からその男が小さくなって警官に頭を下げているのを見させられた。彼は遠くから呼び出されたのである。その結果がどうなったのかは知らないけれども、私は、先日の夜のこと——必要無いところで喧嘩して勝っても仕様がないということ——の結末はつけることが出来たと思う。最終的に決着がつけられればそれでいい。だから私は白旗をいとわないのである。国際的な争いでは警官はいないから不当な国を罰することは出来ないけれども、争いのどちらが正しかったかには決着をつけることが出来る。その決着をつける裁判官というのは道理である。国連憲章をどちらが守ったかを浮び上がらせる道理である。道理からは何人も逃れられない。ただし詭弁などで不法な国を逃さないよう絶えず注意することは必要であり、これが外交だと私は思う。

「非武装無抵抗で国は守れる」

こういう状況の下、一九八一年（昭和五十六年）三月、朝日新聞の「論壇」（現在の「私の視点」）

に、これまで無かったような投稿が載った。それは防衛大学校の海戦史教授の専守防衛を説くものだが、参考なる先例として、元寇《げんこう》（註、文永・弘安の役、一二七四、一二八一年）、ペルシャの侵攻に対するギリシャの防衛戦、サラミスの海戦（紀元前四八〇年）、それにスペイン無敵艦隊に対する英国の防衛戦（一五八八年）を挙げるという恐るべきものであった。そして結論として次のように言う。

「三史例から引き出せるもっとも基本的な教訓は、第一は国家の指導者が勝利を確信して動じないこと、第二は国民が国土戦場化の惨禍に耐えること、第三が、軍事指導者のあり方で、卓抜な戦略を開発し、守勢作戦に成算を見出すことである。このうち、第三の軍事指導者の役割が最も大きくかつ主体をなすのであるが、それは現在の日本について言えば、専守防衛の戦略に成算を見出すことである」

この歴史が何十年何百年も逆行したかと思わせるような主張が「論壇」に載ったのは一驚であったが、私は丁度これを発言の機会とした。そして私は「非武装防衛必勝の論——法と正義で国は護れる」と題して「論壇」に投稿したのだが、それは「非武装無抵抗で国は守れる——侵略にも〝根拠〟が要る点を逆用」と改題されて載せられることになった。本文も数パーセント程度、修正、削除があったが、ここには原文を掲げることにする。なお文尾には私の勤務先の無機材料を扱う国立研究所名と総合研究官という職名が規定によって記載された。

「防大、外山教授が三月五日の本欄で専守防衛を説き、国民は国土戦場化の惨禍に耐えねばならぬと言われる。そして成功例に、四百年以上前の例を挙げて、いみじくも時代の進歩が全く考慮されていないことが示された。あの古い時代に、世界はそもそも『国連の思想』への片鱗でも持っていたであろうか。安易に国民を『国土戦場化の惨禍』になぞ導かぬために、われわれは時代の進歩と論理とを、今一度見直す必要がある。

わが国で防衛が活発に論議され出したのは、一昨年暮れのソ連アフガン侵略以来であった。しかし逆説的に聞こえようが、この事件は逆に軍事力の不要化を示すものである。なぜか。あのときソ連は国連憲章五十一条の集団的自衛権を侵攻の理由とした。今の時代には、武力の行使には必ず正当性の主張が必要であり、その根拠を国連憲章におかざるを得ぬ。ソ連の主張は、まさにこの時代への服従を示すものであった。そこでいかなる小国といえども、正当政府が国連憲章の大原則（民族自決・武力不行使）を盾に取れば、大国も武力侵略し得ない。それが論理である。アミン、カルマルの何れも、もしソ連介入を要請せず、逆に右大原則を掲げたなら、無防備でもソ連侵攻は有り得なかった。それを許したのは、一にタラキ、アミン、カルマルと続く内部抗争である。アフガンや明治憲法時代の不明朗さと違い、憲法規定により議会選出されるわが正当政府は、安んじて国連憲章大原則の正論に拠っていられる。議会もそれを監視し、疑惑の場合には不信任できる仕組みになっている。カルマルのように暴力的な企てをする者があっても、国民が選出する議会が許さぬ限り、政権は取れぬ。故に議員、国民が腐敗せぬ限り、われわれは無防備で外敵をはねつけ得る。

しかし、それでもなお非武装の国に侵略軍が入って来たらどうなるか、と心配する人のために国連憲章以外の面からも対応を考えてみるのは無益であるまい。いま、完全非武装のわが国に侵略者がやって来たと仮定する。侵略軍は前述のごとく、正当性の主張を持つと称するはずだから、四百年前の乱暴狼藉の軍隊でなく、一定の目的ある行動をするであろう。われわれが、先ず警察力で、戦争状態になるのを避けながら、その実力排除に務めるのはもちろんである。だが、もし排除できなければ、無法を局所的に凍結したまま、執拗に存在の法的根拠を彼等に尋ねよ。彼等は犯罪人に過ぎない（少なくとも出入国管理令違反である）。考えても見るが良い。ここは我ら父子伝来の固有の領土であり、日本国憲法はじめ、もろもろのわが国内法が厳存する。わが国は交戦権を否定し、戦争状態にも入らぬゆえ、侵略軍に、今まで盲点であった国内法の適用を行うことが当然出来る。わが警察、検察当局は全力を挙げて彼等を裁判にかけよ。ゲリラ等は有害無益である。国民は侵略者の命令を聞く必要がない。かかる命令は一切無効である、と憲法は宣言している。政府は日本国憲法の保障する国民の主権、自由、基本的人権、財産等の確保に努め得る。逆に侵略者は、わが憲法ゆえに、国民のこれら権利を犯さぬ範囲でしか行動できない。しかし、それで彼等は一体何ができるのか。

そこで彼等が正当性を主張しつつ、しかも事態を打開するとすれば、日本国に憲法改正を迫るしかない。だが周知のように、それには両院の各三分の二と、国民投票過半数の賛成とを必要とする。旧憲法が新憲法に変わった時ですら、旧憲法の手続きが厳格に守られた。そこで議員と国民に国を護る意志がある限り、憲法は改正されぬ。侵略者はなすすべ無く撤退せざるを得ない。われわれは必勝を収められる。完全非武装で敵を倒したという、輝かしくも歴史に残る勝利である。一方、侵略者は世界に愚行をさらしたことにより、国内崩壊の危機をすら持つ。

　武力で侵略にあたるときは、決してこう巧く行かない。勝つことも負けることもある。勝つとしても、それこそ『国土戦場化の惨禍』の後にやっと得られる。また抑止力としても、この非武装防衛法のほうが優る。法と正義で身構えている国に、誰が必敗を得るために飛び込むものか。

　以上の防衛方法は、実は広大な人口と国土を持ち、国民の独立心が旺盛な米ソに、より適する。そこで両大国も非武装化し得て、世界永久平和が実現できるのである」


　私の投稿が掲載されたのは三月十五日（日曜日）だったが、翌月曜日、朝早く『週刊新潮』の記者が私の所に電話をかけて来た。私は研究学園都市のつくば市に住んでいたのだが、東京からわざわざ取材に来て、もう土浦にいると言う。私は勤めを休んでその記者と五、六時間、ぶっ続けで議論した。段々話していて明らかになったことは、『週刊新潮』は憤慨して私のことを取り上げようとしたのである。

　早くも三日後に発行された『週刊新潮』には、「日本国民を安心させた投書」とからかったような題で四ページにわたって私のことが扱ってあり、防衛大学校の佐瀬昌盛教授等にコメントさせている。まず佐瀬氏のを引用すると、

「この人は、無機材ばかり扱っているんで、有機材そのものの人間社会がわかっていないんじゃないですか」とか、「腐敗したやつが外国に内通するなんて、思い込みが甚だしいというか、視野狭窄」と表面的なこととか、私の言ってないことを言ったあと、私の主張をチェコの例を引いて批判している。

「この主張が明らかに間違っていることを示す先例があるんですよ。一九六八年、ソ連軍がチェコに侵入した時のことです。プラハの市民は何ら抵抗することなく、侵入して来たソ連軍戦車を取り囲んで〝何で来たんだ〟〝帰れ、帰れ〟とわめいたんですよ。ところが、そのように〝執拗に存在の法的根拠〟を問いただしたにもかかわらず、ソ連軍はチェコに居座り、あげくのはて、駐留軍協定まで結ばされてしまったんです。そもそも国内法に従う侵略軍を考えること自体、これはちょっと分裂症じゃないですかね」

防衛大学校校長をしたことのある京大名誉教授だった猪木正道（後に文化功労者）は言う。

「防衛論とは、法律が出来ないところに生じる問題なんですがね。この根本的なところが分かっていない。どうも科学技術をやっている人は、社会現象も科学技術的に割り切れると思う傾向があるんですな」

そして私は次のように記者の質問に答えたようになっている。

「侵略者がそれを突っぱねて侵攻を続けたら？　武力行使に及ばないようにしながら、相手にこちらの意志を伝え続けます。例えばスピーカーを使ったりビラを撒いたり」

「デモの経験者なら耳にしたことがあるだろう。あれでいけばいいというのだ。
『こちらは稚内警察署です。あなた方の行動は出入国管理令および道路交通法に違反していま
す。三々五々解散しなさい』」

この『週刊新潮』の記者は猛烈なソ連北海道侵攻論者であって、そのために議論の時間が長引いた。そして記事を書くとき稚内警察署の警告を「創作」したのである。スピーカーやビラの件は記者が私に尋ねたもので、私はそんな形式的な常套手段は意味がない、日本国政府が侵略軍責任者と対決してこそ有効であると強調したのであった。十五年後を見ると皮肉なことに、軍隊に対しても道理を説いてこそ有効であることが、エリツィンの反ゴルバチョフ軍隊の鎮圧で示されたのである。佐瀬氏はチェコの件で私を批判しているが、私もチェコ事件には関心があって、元同国共産党幹部ムリナーシの手記『夜寒』を読んでいたので、『週刊新潮』の記者には次のように説明した。

チェコ事件は出発点がすでに問題だった。チェコが党、内閣の人事承認をいちいちソ連に仰ぐような従属国だった点である。これが法を守り、正義を主張する精神を希薄化する。一九六八年（昭和四十三年）八月、ソビエト軍隊が突如チェコ領内に入った時、ドプチェク第一書記以下のチェコ首脳は国際法無視といきまいた。しかしソ連軍将校がチェコ党本部にやって来た時は、ドプチェクはもう「どうせ憲法なんて意味がないんだ」に後退してしまう。この道理の無い態度こそがチェコの運命を決定したものである。このソ連軍将校にはチェコ公安機関の者が従ってい

た。つまり国家がもう分裂していた、ということだ。そこでチェコの民衆がソ連軍の戦車に、いくら「帰れ、帰れ」のシュプレヒコールで騒いでも、ソビエトは、外国勢力に踊らされた一部国民、政府と無関係の何の力も無い国民、としか受け取らなかった。防衛大学校教授の佐瀬氏はこれを「執拗に存在の法的根拠を問いただした」と言うが、それは床屋談義であって街の声レベルの話だ。法的根拠を問うなど、そんな立派なことはちっとも果たされていなかったのだ。そこには説得力のある論理も道理も働いていない。私の言う国の主張とは、公安機関も民衆も一体となっていなければならない。これは「論壇」への投稿でも述べたように、侵入者を犯罪者と認識すれば自然にできることである。

ドプチェクと大統領スボボダ等はモスクワに連行され、そこで悪評高いモスクワ議定書が調印された。この議定書において、チェコ十四回党大会は無効とされるのである。何とも乱暴なそのような取り決めがどうしてなされたか。スボボダがプラハでの流血の発生を怖れて締結を急いだためという。流血は、私の防衛論では決して起こり得ない。ゲリラの有害を主張するのだから。しかし、ここでむしろ私が指摘したいのは、チェコのような破綻は制度上、わが国では絶対に起こらない、ということだ。外国勢力によって、いかにして、わが国会が無効になることなど、あり得ようか。また、あのような議定書など、効力を発し得ない。それは国会がそれを決して承認しないからだ。日本だったらドプチェクやスボボダは地位を保ち得ない。国会に内閣不信任決議権があるからだ。それにまた、わが国はアフガンやチェコと違って侵略の状況を世界に見せ、事実に基づいて全世界に侵略者を糾弾させることが出来る。飛行機を限りなくチャーターして、全世界の記者を集めて報道させよ。侵略国の民衆を招待して、事実を直視させよ。これが、私が『週刊新潮』の記者に言った内容だ。だから稚内警察など、全く私の想像外だったのである。しかし『週刊新潮』の記者は私が話したことを理解する能力が無かったのか、理解できたとしても意図的に書かなかったのか、防衛大学校教授の佐瀬氏のチェコの話は載っても、私の話は一行も載らなかったのである。

ソ連崩壊を「予言」

しかし週刊誌が取り上げたのが私にとって意外なら、実はもっと意外なところがこれまた、乗り出して来た。衆議院の科学技術委員会が、大臣への質問という形でこの投稿を取り上げて問題にしたのである。科学技術委員会で政治の問題が扱われるというのは異常だが、これは私の勤務先の研究所が科学技術庁（当時）の所管だったからで、投稿は職員の規律の問題として取り扱われることになった。質問者は民主社会党議員の吉田之久委員。彼は、内容に関してなら「論壇」への投稿で論ずることが出来るのに、国会議員の特権を使って圧力をかけて来たのである。これはいかにもフェアではない。私にとっては殊に戦時中、父が東条首相に手紙を出した時の首相のやり方を思い出させられる。東条首相は手紙に怒り、父の処分を求めて副官を司法省に遣わせたのだが、四十年経っても同じことが繰返された。しかもそれが野党議員によってなされたのである。この時の吉田委員の質問は議事録から読むことができる。

「吉田之久委員　初めに、長官にお伺いを申し上げます。

三月十五日の朝日新聞の『論壇』に『非武装無抵抗で国は守れる――侵略にも〝根拠〟が要る点を逆用』。私たちはこの意見を読みまして、しかも最後にその意見を述べている人が国立の研究所の総合研究官であったということを知りまして、実は唖然としたわけであります。

時間がございませんので、その中身をかいつまんで申し上げますと『今の時代には、武力の行使には必ず正当性の主張が必要であり、その根拠を国連憲章におかざるを得ない。ソ連といえども、まさにこの時代潮流に従わざるを得なかったことを』アフガンの侵攻の時に示している。こういう書き出しから始まりまして、国連憲章の大原則を盾にとる限り、いかなる小国に対しても大国は武力侵略はし得ないはずである。また『議員、国民が腐敗せぬ限り、われわれは無防備でも、外敵をはねつけ得るはずである』こういう論調であります。

これが何らかの団体に属するそういう方々の御意見であるとするならば、自由な言論の国でありますから、私はそれはそれでいいと思うわけでありますけれども、いかにも国立研究所のこの職にある人の論旨としては非常に不似合いな、また私どもとしては何とも納得しがたい、果して科学者として冷静な分析によって物事を判断し得る適格者であるかどうかというような点に非常に疑問を感ずるわけでありますけれども、長官はいかがお考えでございますか。

中川一郎国務大臣（科学技術庁長官）　職員の個人的な見解というものは自由でございまして、

これをとやかく言える立場にはないわけでございます。
ただ、中身を読んでみまして、非武装中立論の中身とはこんなものか、まことに実態と合わないナンセンスな意見でしかない。こういうふうに私は思います。技術者という者はああいった意見を持つのかなというふうなことで、まあ勉強にはなりましたが、まことに実態とはかけ違った判断をしているな、こう思っております。
吉田委員　長官みずからナンセンスな意見だといまおっしゃるわけでございますから、私どももこれ以上何をか言わんやでありますけれども、どのように読んでみても、一つの仮説と推論とそして独断によって論議を展開しているに過ぎない。そういう性格の持主が、もちろんその人の思想や言論は自由でありますけれども、国立研究所の総合研究官として適格なのかどうか。これは一般論として、国民はやはり首をかしげると思うのですね。科学技術の最先端を行くべきそういう科学者が、いかに専門外の領域の意見を展開しておられるとしても、そういう極めて非現実的な判断、分析で科学を処して行かれると、これは私は重大な問題だと思うのです。そういう点について、何らかの指導をなさるお気持はありますか。
中川国務大臣　専門の分野においてあのような偏見やナンセンスな意見を持ったらこれは大変でございますが、私の承知しているところ、専門分野ではそれほどかけ離れた偏見性は持たないということでございまして、その点はむしろ専門外であるために知識が行き届かずにああいう考えを持ったものだ、こう思っておりまして、もし専門分野でそういう点があったとしたら、十分そういうことのないようにしていきたいと思いますが、いまのところはそういうことはないようでございます。

吉田委員　人間というのはやはり一貫した、共通したバランスというものを持っているはずでございまして、専門の方では極めてバランスが取れておって、専門外では全くナンセンスに近いような意見を開陳されるというようなことは、私どもとしては非常に危惧を感ずるわけでありまして、この問題をこれ以上指摘しようとは思いませんけれども、国民に対して、科学技術そのものに対するあるいは科学技術庁に対する信頼を根底から覆らせるようなその種の発言や意見の陳述というものは、やはりかなり注意して貰わなければならないのではないか、こう思うわけでございます」

実を言うと私は投稿が「論壇」に発表された後になってからだが、原稿に大きなミスをしていたことに気がついた。それは国内法が国連憲章の人民自決の原則の国内版であることを書かなかったことだ。書かなかったために私の主張の根底が、国連憲章の武力不行使原則と国内法との二本立てのような格好になってしまった。書いたら国連憲章一本槍で統一される。私は自分の書いたものが自分のミスで弱くなったのを後悔した（もっともそれを書くスペースも無かったのだが）。

しかし、もう今は亡くなった中川一郎、吉田之久両氏の意見交換を見ると、私の後悔は杞憂に過ぎなかったことが分かる（中川氏は政争問題で自殺した）。もし私がミスなしに書いたとしても彼等の反応は変わらなかったであろうと思う。彼等は私の思想や論理を問題にしたのではないのだ。

吉田之久氏は、ただ「唖然とした、職に不似合いだ、納得し難い、冷静か、判断し得るか、適格か」と感情と非難の言葉を発するだけで、私の意見の中身を何も言わない。すると大臣の中川一郎氏も「ナンセンス、偏見」としか言わない。これが日本の国会委員会の欠席裁判なのである。彼等は、私の投稿文の意見が問題だと思ったから委員会を開いたのではなかったか。

彼等は自分の意見を語らないから分からないけれども、私を非難するのだから、「ソ連北海道侵攻論者」、あるいは少なくとも「ソ連北海道侵攻警戒論者」であろう。そういうソ連北海道侵攻論者と私と、どっちが正しかったか。音威子府の防衛線は役に立ったか。五十トン級戦車群は無駄でなかったか。結果を見よと言いたい。ソ連は侵攻どころか崩壊したではないか。

意外と思われるかもしれないことを一つ付け加えておこう。私は投稿の原稿に「侵略者は世界に愚行をさらしたことにより、国内崩壊の危機をすら持つ」と書いたが、この部分は朝日新聞によって削除された。しかしその後に起こった事実としては、ソ連の北海道侵攻は無かったのみならず、アフガン進攻が引き金となって、実にソ連は崩壊をしたのである。だから私はソ連崩壊を「予言」していたことになる。私は、ソ連のアフガン侵攻を妄動愚行と思っていたから、ロシア帝国崩壊のことを考えていたのである。

しかしともかく、私の意見は内容が検討されることは一度もなく、私が新聞に投稿したことだけが問題にされた。私は勤め先の研究所で所長に呼ばれて言い渡された。

「君だって、こんな事をすれば、皆が迷惑することは分かっているだろうに。どういう波及効果があるか考えて貰いたい。研究所の名前が出たら皆がどう見るか。本庁に頭を下げてお詫びに行かなきゃならん。そんなに言いたかったら、辞めてから言えばいいじゃないか」

これはまさしく戦時中、東条首相に国の危機を訴えた手紙を送った父が、裁判所長から投げつけられた言葉と全く同じである。四十何年の年月は一挙に消え、戦中の昔に戻った。所長室では私が所長と対している間にも、科学技術庁の管理部門から電話が掛かって来て、所長はそれに一々頭を下げながら応対していたのである。

しかしソ連侵攻問題で間違ったのはわが国の北海道侵攻論者だけではなかった。ソ連のアフガン侵攻でアメリカはイスラムのゲリラを応援した。アメリカにとっては、それはイスラム・ゲリラが正しいからというのでなく、彼等が反ソ、反共だからというわけで支援したのだ。アメリカは、彼等に武器や資金の援助をしたのみならず、外国からの義勇兵をも応援した。義勇兵としてアラブ周辺国から大量の若者が集まって、その中には何とオサマ・ビンラディンがいた。そして更には、その連中から新組織「タリバン」が生まれたのだ。こうしてこれらの反逆義勇兵たちをアメリカは育てたのだが、彼等はやがてアメリカに刃向うことになった。そして二十年後には、これがあの同時多発テロとなるのだから、道理での解決を怠ると大変なことになるのが実証されたのである。アメリカは金と時間をかけて、こんなつまらない実験をしたのだ。そしてそのアメリカは、9・11の同時多発テロの根源が、自分たちが育てた反共ゲリラであることなど、考えてみたこともないように見える。

イスラエルとパレスチナの問題

一九四七年（昭和二十二年）、国連総会は、パレスチナを二分して土地の五十五％を小数派のユダヤ人に、四十五％を多数派のアラブ人に与える決議を行った。もちろんユダヤ人は喜び、アラブ人は怒る。そしてアラブ諸国は、この不当な国連決議には拘束されないと宣言した。パレスチナは、もともと自分たちの土地だとするアラブ人にとっては、その土地がユダヤ人に略奪されたようなものだったに違いない。これが、今日のパレスチナ問題の発端である。

決議を受けてユダヤ人は独立に向う。そして建国のために、ユダヤ人は先住のアラブ人を居住地から追い出し、六十万人のアラブ人が難民となった。一九四八年（昭和二十三年）、イスラエルは独立を宣言。同時に周囲からはアラブ諸国が攻め込んで来て、中東戦争となった。この後、何度か中東戦争が戦われたが、イスラエルは連戦連勝、領土を拡大して今日に至っている。

こうして国連は、現在のパレスチナ問題の原因を作ることになったのではあるが、その後はパレスチナのアラブ人（パレスチナ人）のために決議を二度行った。一つ目は、一九四八年（昭和二十三年）末の難民帰還に関する一九四号で、難民の帰還を許可し、帰還希望しない者には補償する、というものである。もう一つは、ヨルダン川西岸からのイスラエルの撤退を求める一九六七年（昭和四十二年）の二四二号である。しかし、これらは何れも半世紀後になっても、いまだに実行されていない。

難民は今や、国連パレスチナ難民救済事業機関に登録されているだけでも五百万人に達するが、それでもユダヤ人の心は痛まないと見える。

以上でイスラエルとパレスチナの問題は一応終わる。一応と言うのは、イスラエルのことが出発点となって、中東には厄介なことがどんどん拡がるからで、それに関しては後で適宜、話さねばならないと思う。

今の時代に通用しない「戸締まり論」

さてわれわれは、戦争についての話を日本人の通常の戦争観「戸締まり論」から出発して進めて来たのだが、今そもそも世界で「戸締まり論」に対応する「物取り戦争」がどのくらいあるのか見て置かねばならない。そこで前大戦から七十何年間に起こった戦争を見てみることにして、大きいところだけを挙げると次の八個である。朝鮮戦争、ベトナム戦争、中東戦争、インド・パキスタン戦争、アフガン戦争、イラン・イラク戦争、湾岸戦争、イラク戦争。

ここで目立つのは独立戦争である。朝鮮戦争、ベトナム戦争、中東戦争などがこれにあたる。これら独立戦争にも色々問題は含まれているが、いま一応、主目的だけを考えているから、これらは侵略についての議論からは外せる。次にインド・パキスタン戦争とイラン・イラク戦争、この二つは国境の争いだから単なる物取り戦争とは違う。残ったものの一つのアフガン戦争、これにも問題はあるが、強盗のような一方的な侵略戦争ではない。

こうして色々外して行くと、残ったのは二つとなった。それらは繋がった戦争、湾岸戦争とイラク戦争であり、前者の湾岸戦争は国連安保理が承認した戦争で、イラク戦争はその続きと言うべきものである。ここに国連安保理が出て来たのは、イラクが隣国クウェートを侵略したからで、ここに初めて公式に物取りの戦争があったと進行中に確認されたのである。

この侵略は、イラク大統領のフセインが、クウェートの内部事情に乗じたというべきものだが、クウェートには乗ぜられる理由があった。クウェートは、議会も憲法も停止という状態だったのである。だから強盗に入られたとしても、入られたのはゴタゴタの国であって普通の国ではなかった。それにイラクとクウェートとの間には特別な事情があった。クウェートは昔イラクの版図だったことから、フセインは、今の国連憲章の人民自決の時代に、人民自決の原則をごまかせると考えて侵略した。しかも彼は事前に、凡庸な駐イラクのアメリカ大使から、アメリカはアラブ諸国間の紛争には介入しないだろう、との言質も引き出した。こういう場合ででもなければ侵略は実行されない。こうして侵略戦争として定まった例、フセインの侵略というのは、全く例外的なものだったと分かる。これは、世界地図を拡げても、これからそんな場所が他に見付けられるだろうか、というほどの稀なものだから、全ての点で今の日本の状態からは縁遠い話である。

結局、その縁遠いイラクのクウェート侵攻だけが侵略戦争だったのであって、その数は七十何年間にたったの一つ。侵略というのは、今そのくらい起こりにくいものなのである。だから日本人の通常の戦争観「戸締まり論」は今の時代には全く通用しない話と言える。

イラクのフセインはクウェート侵略に際して集団的自衛権を主張した。イラク軍の出動はクウェートの革命新政府からの要請で、外国の干渉を排除するのが目的だという。これに対して世界がなすべきこと、それは何だったか。それは単なるイラクへの非難決議ではなかった。単にイラクに経済制裁することでもなかった。やるべきことはただ一つ。国連加盟国のイラクに、クウェートへの侵略が、国連憲章とどう合致するか、それをひたすら問い糺すことだった。平和の原則と侵略行為とがどう論理的に調和するか、それに答えよと迫ることだった。それを行う場所は、国連の会議場でも安保理でもいい。しかし現実において、この余りにも当り前で、余りにも易しいことが、少しもなされなかったのである。国連会議場では形式的な演説がなされたのみであり、安保理会議では事態はもっと悪かった。安保理の議事録を調べた人によると、重要な決議にも、まともな討論がほとんど無かったという。イラク代表に対して安保理は詰問しなかった。クウェート代表は安保理に呼ばれもしなかった。安保理は本気の外交をしなかったのである。

安保理の場に加われなかった国も、イラク駐在の自国大使に命じてイラク外務省に日参させ、クウェートへの侵略について論理を問うべきだった。あるいは自国に駐在するイラクの大使を呼んで、キチンとした回答をするまで帰さないというぐらい、してもよかった。しかしこういう事をした国は一つもなかった。外交は何の働きもしなかった。そして湾岸戦争になった。外交で解決できることを解決しないで戦争にしたのである。しかも世界すべての国々が、それを国連軍の戦争だなどと言って得々としている。そういう姿勢だから戦争をしても中途半端であり、さらにイラク戦争へと続いた。湾岸戦争をするくらいなら当然続いて、フセインの戦争犯罪裁判をすべきだったのに、それを怠った。こうして次の戦争に至る火種を残したのである。

イラク戦争の時も、外交には戦争回避の道がいくらでもあったのに、外交は誠実な対応をしなかった。まずイラクがクウェート侵略後、長年にわたって国連決議の武器査察に協力的でなかったこと、これは論外としても、国連監視検証査察委員会が、イラク側の協力が活発になった、というのを米英は無視した。そしてアメリカは、不確かな情報をいかにも本当のように見せかけて、大量破壊兵器もテロ組織アルカイダとの関係も、イラクにあると言い続け、ひたすら開戦へと努めたのである。これに対してフセインは突如、過去の侵略をクウェートに詫びた後、開戦のひと月前には英政治家との会談で、大量破壊兵器の保有やアルカイダとの関係を強く否定した。それなら戦争回避のためには、フセインはもっと強く世界に事実を語るべきだったし、世界もフセインから直接話を聞くべきだった。この頃フセインは、米大統領にテレビ対話を提案している。しかしこれも一蹴され、フセインもそれ以上は乗り出さなかった。そして最後に米英は、「この地域における国際の平和および安全を回復するために、必要なすべての手段を行使できる」とする安保理決議六七八号を、イラク攻撃への正当な国連決議として開戦に至ったのだが、この決議は実は十年前の湾岸戦争の時のもので、「この地域」とは、イラクではなくクウェートを指すものだった。だから六七八号決議は、米英軍に対して、イラクにおける「必要なすべての手段の行使」（軍事行動）を認めるものではなかったのである。あげくの果てに、開戦の理由とした大量破壊兵器も、アルカイダとの関係も、共にイラクに無いことが判明して、米英には戦争の大義名分がまるで無くなった。こうして今イラクは、テロの虫ばむ国になったのである。

ここに至って世界は、どうしてあんな不都合な戦争をしたのか、その原因はどこにあったのか、総力をあげて究明すべきだった。しかしそんな事は行われなかった。世界の外交は事実や論理を伏せる。そしてそれを象徴するような出来事があった。

フセインはイラク戦争で捕えられると、国内での古い虐殺事件の裁判の被告となって死刑の宣告を受け、あっという間に処刑されたのだが、彼の死後、驚くべき言葉が彼の遺言として伝えられた。彼がイラクに大量破壊兵器があるように装ったのは、隣国イランへの虚勢のためだったという。そんなことで世界が乱されたのか。しかし今となってはこれは確かめようもない。他の大事な証言も失われてしまったであろう。事件を正しく究明することは、後世への務めであるのに世界はそれをしない。イラクの司法はフセインの処刑を急ぎ、アメリカはそれを許した。そして、その不当を問う声も、世界のどこからも聞こえて来ない。外交や政治は、今も進歩や誠実さを排して営まれ、一つの失敗がまた次の失敗へと繋がって行くのである。

しかし新しい変化が全くないわけではない。イラク戦争の調査検証委員会がオランダとイギリスで設けられ、オランダの委員会は、イラク戦争が国際法違反だったとする報告書を発表した。当然、わが国でも調査委員会は設置されなければいけない。そしてこの調査委員会というのは前述のように、各国個別のものに止まっていてはならない。イラク戦争は世界の戦争だったから、世界全体が共に振返って、共に検討しなければならないのだ。開戦前、安保理で合法、非合法の論争がなされた時、その決着はつけられなかったが、イラク戦争の全貌が明らかになった今、決着はつけられる。それは、事故後の調査活動のようなものである。航空機事故、鉄道事故等、すべてのデータが出揃った段階でこそ、問題点が徹底的に究明できる。科学技術の分野では、それをするのが当り前なのに、政治、外交の分野ではそうではない。この分野では今なお、道理でなく権力に従うことが何の疑いもなくなされているから、開戦前安保理でフランスが正論を唱え、ドイツがそれに続いた時、欧米のマスコミからは驚くほどの反感が発せられた。そういうものまで含めて、全ての発言を見直すべきである。その例は、象徴的なもの、実質的なものと、いくつも挙げられる（以下、発言者に付けられている官職名は、当時のものである）。

「シラクはフランスを袋小路へ導く。歴史の敗者に仲間入りするだろう」（ロンドン・タイムズ）
「シラクは、はた迷惑な乱暴者。他の国々がドイツと同じようにフランスについて行きたいなんて馬鹿な思い込みだ」（米ウォールストリート・ジャーナル）
「（仏寄りの）ベルギーはフランスのチワワだ」（米フォックス・ニュース）
「（フランスは）すさまじい恩知らず。米兵は欧州を解放するために死んだ。その借りを忘れた

か」（英デーリー・メール）
「シラクは地虫だ。フランスはどうせ最後は英米支持に回る。自分の大統領が恥ずかしくないのか」（英サン）
「フランスがイラクに核兵器関連部品を売却」（ニューヨーク・タイムズ）
「（フランスは）天然痘ウイルスをひそかに保持」（ワシントン・ポスト）
「（フランスは）イラク人に旅券を渡して逃亡を助けた」（ワシントン・タイムズ）
「ロシアは許し、ドイツは不問に付すが、フランスは罰する」（米メディア）
「フランスは必ず勝ち組・米英側に移る」（麻生太郎自民党幹事長）
「大量破壊兵器は何れ見付かると思う」（小泉純一郎首相）
「当時大量破壊兵器があると想定するに足る合理的な理由があった」（安倍晋三官房長官）
「イラク戦争は米国にとって正しい判断ではなかったかも知れないが、日本が同盟国として踏み込んで支持したことは当時の文脈では間違っていなかった」（中西寛京大教授）
「北朝鮮から日本を守ってくれるのは米国だけだと、イラク戦争を支持したが、反省している」（中西輝政京大教授）
「イラク戦争には反対だったが、日米同盟のため支持した」（舛添要一前厚労相）
「『戦争はイヤ』といった感情論で日本の進むべき道を選択すれば国を誤る。米国との同盟が死活的重要性を持つ。イラクの大量破壊兵器隠匿は、ほぼクロだ」（読売新聞）

「米英の武力行使支持は妥当だった。大量破壊兵器が見付からなかったのは遺憾だ」（産経新聞）

外交におけるこの状況の中で日本は何をすべきか。公平な発言をするという当たり前のことに徹しなければいけない。首相は専用機でいくらでも各国首脳と面談する機会を作れる。その機会を全て正論を説いて回ることに徹すれば安保理常任理事国でなくても相当のことが出来る。それが日本国憲法の説く日本の国是ではないか。それを日本は戦後やるべくしてやっていないのである。憲法改正などと言うのは、まるで方向が間違っている。

第二章　ハイドパーク覚書「原爆は日本人に使う」

原爆は対ドイツでなく対日本人

アメリカはなぜ日本に原爆を落としたか。その公式文書・ハイドパーク覚書は、ルーズベルト記念館に保管され、今は誰でも見ることが出来る。しかし不思議なことに、日本ではハイドパーク覚書を知る人は殆ど無く、マスコミに登場することも無い。新聞にはその名が載らず、歴史の本や教科書にも出て来ないようである。もちろん私も長い間、ハイドパーク覚書なるものを全く知らなかった。

私が最初に「ハイドパーク覚書」の名を知ったのは一九九九年（平成十一年）八月一日の朝日新聞の特集記事「原爆　なぜ投下された　世紀の傷跡　究明続く」の年表においてである。その年表は、

「一九三九年（昭和十四年）八月二日　新型爆弾（原爆）開発に関するルーズベルト大統領あての書簡にアインシュタイン署名」に始まり、

「一九四一年（昭和十六年）十二月八日　日本軍、真珠湾攻撃。米英に宣戦布告」などの戦争の記述を交えながら、

「一九四二年（昭和十七年）九月二十三日　軍事政策委員会が発足。原爆計画を統括」と続き、

その後ハイドパーク覚書が登場する。

「一九四四年（昭和十九年）　九月十八日　ルーズベルト大統領とチャーチル英首相が会談し、米英の最高機密として原爆開発協力を継続することに合意（ハイドパーク覚書）。『多分日本に使用』と言及」

以後、年表は、

「一九四五年（昭和二十年）　二月四日　米英ソ、ヤルタ会談（十一日まで）。スターリン、対日参戦を約束。

四月十二日　ルーズベルト大統領死去。副大頭領のトルーマンが大統領就任」。

と、状況の進展や変化に伴って連合国側が取った措置を述べている。そして原爆関係の記事も急ピッチで進み、

「一九四五年（昭和二十年）四月二十七日　原爆投下の目標検討委員会初会合。五月末までに計三回開き、京都が第一目標に。

七月十六日　ニューメキシコ州アラモゴードで原子爆弾の実験成功。

七月二十五日　ハンディ陸軍参謀総長代行からスパーツ陸軍戦略航空軍総指揮官に対し原爆投下命令。『八月三日ごろ以降において目視爆撃が可能な天候になり次第、広島、小倉、新潟、長崎のいずれかを目標とする』。

八月六日　広島に原爆投下（四五年末までの推定死者約一四万人）。

八月九日　長崎に原爆投下（四五年末までの推定死者約七万人）」。

で終っている。なおドイツが第二次大戦を始めたのは一九三九年（昭和十四年）九月一日で、その終結は一九四五年（昭和二十年）五月八日の無条件降伏である。

もう一つ「ハイドパーク覚書」について私が見たのは、進藤栄一著『分割された領土』（岩波現代文庫、二〇〇二年）の中の「第四章　原爆はなぜ投下されたのか」においてで、そこにハイドパーク覚書が掲載されてあった。

「ハイドパーク覚書（一九四四年九月十八日）

管用合金（註、原爆の暗号名）

一九四四年九月十八日ハイドパークにおける大統領と首相との会議に関する覚書

一、管用合金の管理と利用に関する国際協定に達する目的で、管用合金に関する情報を世界に公開すべしという提案は、承認されない。その問題は引き続き最高機密とみなされるべきである。しかし『爆弾』が最終的に使用可能になった時には、慎重な考慮のうえ日本に対しておそらくは使用されるべきであり、その際日本に対して、降伏するまでこの爆弾が繰り返され続ける旨警告が与えられなければならない。……

ダウニング街一〇番地、ホワイトホール

F.D.R/W.C.C」

進藤栄一氏の著書『分割された領土』には、その題からして原爆のことが書いてあるとは私は思わなかった。ましてハイドパーク覚書に出合おうとは思いもよらなかった。それが翻訳とは言え原文が記されたのである。そして原爆はドイツのために作られたものなのに、日本に使うとはっきり書いてある。これはどういうことか。おかしいではないかと、この時からハイドパーク覚書の問題は、私が片付けなければならない大きな問題になったのである。

なぜ原爆は対ドイツでなく、対日本となるのか。米英にとっては、日本もドイツも同様に強硬な敵だったではないか。そしてその二つの敵に対して同じように戦局が進んでいたのではないか。なぜ原爆使用という軍事問題に国名が出て来るのか。そもそも兵器は勝つための道具で、刻々変わる戦況に応じて使うものだ。最初から使用先を決めておくものではない。それが国名まで決めてある。なぜドイツでなく日本か。これがドイツにだったらまだ分かる。そのために原爆製造が急がれたのだから。ところが突如、日本に対して使い、ドイツには使わないという。これでは最早軍事ではない。政治だ。そして実際、その政治が既に、アメリカでは人種差別の形で表に出ていたのである。

一九四一年の開戦時、米本土に約十二万人の日本からの移民とその子孫がいた。その三分の二は米国籍を持つから完全な米国人のはずである。しかしその日系米市民にもアメリカ社会は容赦なかった。太平洋戦争開戦直後の一九四二年初頭、日系米人は戦時緊急措置として強制収容所に収容されたのである。この時、命令となったのは、次の大統領令九〇六六である。

「必要に応じて米国内に軍事区域を指定し、その地域に居住する者で合衆国の国防に害があると認められる者は、市民、外人の別なく強制的に立ち退かせる権限を陸軍省に与える」

　こうして日系米人は全て、限られた日用品をカバンに詰めただけで、奥地の収容所に追いやられた。準備期間は数日しか与えられず、住居、財産は全部没収である。収容所は有刺鉄線で囲まれ、銃を持った兵士に監視された。収容所で割り当てられたのは、一家族に一室であり、冬は寒さ、夏は暑さに苦しめられた。

　大統領令九〇六六は、一見、別に人種を指定するものではない。しかし普通の市民でありながら、強制収容所に送られたのは、日系米人だけだった。では同じ敵国のドイツ出身のアメリカ人はどうだったかというと、彼等は普通のアメリカ人として、普通に暮らせた。同じアメリカ人でありながら日系とドイツ系は別扱いだ。両者、何が違うかと言えば、人種以外にない。こうして大統領令九〇六六によって、確実に人種差別政策がなされたのである。

　米英首脳が日系人とドイツ系人とを、こうも区別したこととは、彼等がその出身国の日本とドイツとを区別したことに他ならない。それなら、原爆使用に日本とドイツの差別が出るのにも、何ら不思議はなかった。むしろ米英首脳が国内政治で示した政治的決定と、原爆の使用に関して取った政治的決定とに不整合が現れたら、それこそ不思議だ。

　アメリカ本土における日系米人隔離問題は一九八八年になって、大統領が、あれは誤りだったと公式謝罪し、法案も議会を通って補償金が支払われた。大統領令九〇六六号は人種差別のためであり、アメリカ合衆国憲法修正条項に明らかに違反しているとされたのである。それなら同じ政治決定だった日本への原爆投下も誤りだったはずだ。アメリカは謝罪すべきである。原爆を禁止兵器とすべきだ。それが論理だ。しかしそんな声は日本でもアメリカでも上がらなかった。いやアメリカでは、日本への原爆投下は戦争終結を早めるためのものだったとする主張は、年代を重ねるにつれ原爆神話として、ますます揺るぎない強固なものになって来ているのである。

「ハイドパーク覚書」を知らなかった被爆地市長

二〇〇九年（平成二十一年）、米大統領がオバマ氏になって、新しい展開があった。四月五日、オバマ大統領はチェコのプラハで核廃絶を訴えたが、そこには今まで語られなかった新しいことが述べられた。それは、アメリカが核保有国として、また核兵器を使った唯一の国として、核廃絶を進める道義的責任があるという表明である。これは、ある意味で画期的であった。これまで核廃絶に道義という言葉が語られたことなど無かったのだ。しかし、その演説をよく見ると、オバマ大統領は矢張り核抑止力を擁護する立場であって、核兵器の削減と言っても、相手国とその数量を取り引きするだけなのである。とはいえ、これが一歩前進であることは間違いない。

ここで、われわれにとって大事なことは、大統領が道義的責任という言葉を登場させたのを、しっかり捉えて消させないようにすることである。これからの議論ではその道義の核心に進むべきなのだ。

ところがこの後、五月五日、ニューヨークの国連本部で核不拡散条約再検討会議の準備委員会で広島、長崎の市長はまったく平凡な演説しかしなかった。両市長は国際ＮＧＯの平和市長会議の正副会長であり、平和市長会議を代表しての演説だった。つまり広島、長崎の市長というのは、そのくらい重みのある地位だ。しかしその地位に相応した内容の話をしなかったのである。

新聞によると、長崎市長は、オバマ大統領のプラハ演説に触れ、「被爆地は感動に包まれた」と喜びを大仰に語り、広島市長は「オバマ大統領になり、核廃絶を望む世界の圧倒的な多数派（マジョリティ）は、オバマジョリティと呼ぶべきだ」と大統領を称えた。ここで両市長は道義性の立場から、大統領の演説に単に拍手していてはいけないのだ。原爆は日本に使う、ドイツには使わないとする非道義的なハイドパーク覚書を取り上げるべきだ。それこそ道義的だと私は思ったが、しかし、ひょっとするとオバマ大統領は「ハイドパーク覚書」のことは知らないのかもしれない、とも私は気が付いた。それなら彼に今、それを教える親切を両市長は持つべきだ。

私はこう考えていると、更にふと両市長もまた「ハイドパーク覚書」のことをきちんとは知っていないのかもしれないと考えた。私は二〇〇四年（平成十六年）秋、広島平和記念資料館を訪れた際、該当する展示コーナーの説明文に、「ハイドパーク覚書」という文字自体は無かったけれども、その事実のほうは確実に述べられているのを見て安心して帰った記憶がある。私はその時のノートに、展示文を筆記していた。

「原爆はドイツでなく日本

一九四三年（昭和十八年）五月、アメリカの軍事政策委員会で原爆投下地点について意見が交わされ、『トラック諸島の港に集結した日本艦隊が最も望ましいだろう』という意見が大半を占めました。一九四四年九月十八日には、ニューヨーク州のハイドパークで行われた会で、アメリカとイギリスの首脳は、『原爆を日本に対して使用するかもしれない』と合意しました」

両市長は当然これを見ているはずだ。だから原爆が、ドイツでなく日本にだけ使われたことは知っているはずだと、ここまで考えた時、私は、ひょっとすると両市長が「原爆はドイツでなく日本」というのを、単に事実の羅列として見ていただけかも知れないと気が付いた。私は「ハイドパーク覚書」について前もって予備知識を持っていたから、資料館の展示を見て直ぐに、日本が差別されたあの決定が書かれているな、と思ったけれども、初めてこの展示を見た人は、この展示文だけでは、歴史の年表を見るのと同じく、戦争の経過、事実の前後関係の確認、決定された事実の表示、としてだけ眺めたとしても不思議はない。私は、両市長にハイドパーク覚書のことを話す必要がある。こうして私は確認のために両市長に早速手紙を送ったのである。

長崎市長から返事は来なかったが、広島市長からはメールが届いた。

「電子メールありがとうございました。早速読ませていただきました。いただいた御意見は関係部局にも送り、回答させていただきます。取り急ぎ御礼まで。

二〇〇九・五・一九　　広島市長　秋葉忠利」

市長は関係部局から回答させるという。市長本人に問うた問題であるのに、それを事務処理しようというのか。問題は簡単なものである。「原爆は日本に使用」と、原爆投下が日本に特定されていることの確認、その非人道性ゆえにこそ核廃絶に進むべきだとの認識。たったこれだけのことがスムースにいかないのだ。それが秋葉市長に望まれるのだが――。

そもそも秋葉市長という人は数学者であり、アメリカの大学で教えた後、日本に帰って政治をやるようになった経歴を持つ。だから普通の政治家と違って事実や論理を尊ぶだろうと思っていたのだが、期待は外れた。

数日たって、広島市市民局国際平和推進部の平和推進課長という人から、役所の返答としては長いメールが届いた。なるほど、関係部局から回答させるというのはこういうことか、と思わせる内容である。

私の申し入れの趣旨は間違いなく理解されていた。私の意見は、「世界唯一の被爆国である日本は、ハイドパーク覚書を取り上げ、日本に原爆が落とされたことの犯罪性を指摘して核廃絶運動を行うべきである」と、確かに正しくまとめられている。しかし返信の本文内容としては、この私の意見は絶対に受け入れない、という姿勢を明確にしていたのである。

回答書は出発では、核兵器は残虐で非人道的な兵器であり、絶対悪であるから核廃絶を訴える以外ないという立場をとる。ところが突如、何か宗教集団の説教のような変貌をして、核廃絶を訴えることとは、和解の精神の表れに他ならないと説く。そして和解とは敵対関係でないから、原爆投下国に対して責任を追及することに力を注ぐべきでないとした。またハイドパーク覚書は、日本への原爆投下の可能性を示しているだけであって、その根底にある政治的思想や意図まで確認できない、として思考も停止させた。つまり、なぜドイツに対して原爆を使用しないのかは、考えるべき問題でないというのだ。

しかし、確かにいくら「原爆は日本に対して使用」としかハイドパーク覚書に書いてないとしても、それが「日本に使用、ドイツに不使用」の意味であることは、平和推進課長も分かるだろう。日本とドイツは米英にとって同じ敵国なのだから、この差別がおかしいことも分かるだろう。「日本に使用、ドイツに不使用」が兵器の普通の使い方でないとも分かるだろう。兵器を普通に使わないということは、そこに政治的な意図が無ければならない。そして、その意図の根底に対日本と対ドイツの差がある、ということも分かるだろう。それは何か。対日本と対ドイツの差と言っても、土地なんかでは差は生じない。差別するとすれば対人間になる。日本人とドイツ人との差だ。そして米英は当時、自分たちの国で日系人をドイツ系人から区別し差別していた。論理をたどれば、人種問題に到達する。どうして平和推進課長は「その根底にある政治的思想や意図まで確認できない」と言うのだろうか。かりに意図が確認できないとしても、その議論はすべきだ。しかし議論すら彼は封じている。

広島市当局は、最初から核問題などそっとしておいて、風波を立てないようにすることのみを念願している。私は広島の平和記念公園の碑を思い出す。

「安らかに眠って下さい　過ちは繰返しませぬから」

私はこの意味が分からない。英訳を見ると、「過ちは二度とくり返しませんから」の主語は、「われわれ」となっている。これは、戦後間もなく東久邇宮首相が唱えた「一億総懺悔」そっくりだ。それは戦争責任追及をかわす言葉だった。このやり方が日本人の気質に合っているのだろう。しかし今、原爆の問題まで、同様にしてはならない。犯罪性は追及しなければいけない。そうしないと核廃絶が曖昧になる。

私は無駄だと思ったけれども、平和推進課長に以上の点から問うた。そして論議が途切れないように、事務的な問題を一つ付け加えた。それは「ハイドパーク覚書」の広島市の訳文に関するものだ。「〝爆弾〟が最終的に使用可能になった時には、慎重な検討の末、ことによると、日本に対して使用するかもしれない」の中の、「ことによると」が非常に起こり難い場合を考えているような感じで、米英は、そんなに原爆を使う気が無かったのかと気になった。それで、分かったら原文を教えてほしいと頼んだのだ。

これに対する平和推進課長の返事は、予想通り全く内容の無いつまらないものだったが、彼は「ハイドパーク覚書」の文書については、私の望んだ通りに答えてくれた。彼はきちんと英文のままの原文を教えてくれたのだ。

「なお、チューブ・アロイズの覚書の原文（該当部分の抜粋）は次のとおりとなっていますので、参考までに記載しておきます。

"When a bomb is finally available, it might perhaps, after mature consideration, be used against the Japanese."」

私は驚いた。ハイドパーク覚書の原文が書かれていて、それには"used against the Japanese"「日本人に対して使用」となっているのだ。見間違いでないかと眼を開き直したほどだった。それにしてもルーズベルトとチャーチルとが、「原爆を日本に使う」としたのでなくて「日本人に使う」と、こんなことまで言ったのかと不安になった。普通「日本人に使う」などと、妙な言い方はしないだろう。ところが原爆は、何と目標を日本国でなく日本人に向けていたのである。日本人を殺せ、それが目的だ、と言っている。ルーズベルトとチャーチルが牙をあらわにして、日本にアウシュビッツを作ろうと約束したのか。

しかしこの「日本人に対して」が本当なら、私は随分楽になる。矢張りそうだったのか。私は何年も前からそんな予感を持って進んでいたのだが、私は正しかった。「原爆は日本に対して」から出発して、実質は「原爆は日本人に対して」の内容なんだ、とそこまで持ってくるために、私は文章を重ね、説明を重ねて来たのである。そんな手間が一挙に不要になる。楽になる。しかし事実を徹底的に確かなものにしなければいけない。

私は平和推進課長に資料の出所と、何で"against the Japanese"を「日本に対して」と訳すのかとを確かめなければいけない。すると返事が来て、それは広島平和記念資料館でそうしているからだと言う。

私は早速、資料館に問い合せのメールを出した。とにかく原文が唯一の頼りで、ここが間違っていては、すべてがダメになってしまう。しかし資料館の返事はなかなか来なかった。その間に私は、年表に原爆は「たぶん日本に使用」と書いた朝日新聞に、「日本人に使用」ではないかと問い合せを送った。それに対して朝日新聞広報部から二〇〇九年（平成二十一年）七月七日付の手紙で、次のような返事を貰った。

「冠省　一九九九年八月一日朝刊掲載の記事『原爆、なぜ投下された』に関するご質問をメールでいただきました。編集局より、下記の回答がありましたのでお伝えします。

ご指摘の通り、ハイドパーク覚書（または、ハイドパーク協定）を直訳するならば『日本に使用』よりも『日本人に対して使用』になります。ただ、多くの研究者の評価では、この覚書の歴史的・政治的意義として、『日本人に対して使用する』ということよりも、投下目標が『当初の狙いだったドイツではなく、日本に変わった』ことに力点が置かれていました。弊社の記事は、覚書には何が書かれていたかを端的に知らせることを目的としたため、『日本に使用』という表現にしました」

これはもう、「よくこんなものが書けたものだ」と言う以外ない。朝日新聞が一九九九年（平成十一年）に、覚書の原文をきちんと確かめないで年表を書いたとしたら、それはウッカリで済ませられる。しかし今になってもまだ、「弊社の記事は、覚書には何が書かれていたかを端的に知らせることを目的としたため、『日本に使用』という表現にしました」と言うなら、罪は重い。

新聞は真実を報道することが使命であるのに、それをしないなら、新聞は使命を失う。

広島平和記念資料館からは、八月になってやっと展示担当の大瀬戸正司氏からメールが来て、「一九四四年九月十八日のチューブ・アロイズの覚書」の複製が展示されていると言う。そんな簡単なことだったのかと、私は早速、メールでそれを送って貰った。そして遂に得た原文コピー。私は長い模索の後、やっと絶対ゆるぎのない砦としての"used against the Japanese"に達したのである。

私は長い間、朝日新聞や進藤栄一氏のいう「原爆は日本に対して使用」は、実は「原爆は日本人に対して使用」の意味なんだと主張していたのだが、私の見る目は正しかった。私には参考資料も相談する人も無かったが、論理から言って「原爆は日本人に使用」でなければならないと思って疑わなかったし、実際その通りだったから、私は専門家が見抜けなかったことを自分は見抜いたのだとの自信を得ることも出来たのである。二〇〇九年（平成二十一年）八月十四日だった。

それから私はせっせと資料館に「原爆は日本に対して使用」の展示文の見出しを、「日本人に対して使用」に訂正するよう求めるメールを書いた。しかしやはり恐れた通り、これについての返事は来ない。随分経ってだが、やっと副館長という人から返事が来た。それは例によって、どうしてこうも恥ずかし気もなく無意味なものを書いて来られるかというものであった。

「二〇〇九・九・九
前略　この度は、大瀬戸宛に電子メールをいただき、ありがとうございます。

私は、大瀬戸の上司で、広島平和記念資料館副館長を務める国重と申します。これまで、岡井様からいただきましたお手紙や電子メールは、館長とともに読ませていただいています。

岡井様から当館への要請『〝チューブ・アロイズの覚書〟に記載されている〝against the Japanese〟を、〝日本人に対して〟と訳すこと』を受け、当館として検討しましたが、現行の展示とすることとしたものです。当館の見解は、これまでに回答したとおりです。

『the Japanese』は、一般的には『日本人』と翻訳される表記ではありますが、『チューブ・アロイズの覚書』は、アメリカが原子爆弾を『なぜ日本に投下することを決めたのか？』を説明する資料の一つとして展示しているため、ご指摘の〝against the Japanese〟は、『日本人に対して』ではなく『日本に対して』と訳しています。

今後とも、当館の運営にご理解、ご協力を賜りますようお願い申し上げます。草々

広島平和記念資料館副館長　国重俊彦」

資料館の回答がどんなものになるかは、大瀬戸氏とのやりとりから大体予想できた。そしてその予想は、時間の経過と共にどんどん悪くなっていったのだが、こういうものまで来るとは、私は考えなかった。これは何も答えていないのみならず、いま資料館が展示しているという「チューブ・アロイズの覚書（ハイドパーク覚書）」の対訳の「誤訳・改竄」まで正当化して、それを押し通そうとするのだ。『チューブ・アロイズの覚書』は、アメリカが原子爆弾を『なぜ日本に投

下することを決めたのか?』を説明する資料の一つとして展示しているため、ご指摘の"against the Japanese"は、『日本人に対して』ではなく『日本に対して』と訳しています」。つまり展示のハイドパーク覚書原文の"against the Japanese"対訳まで「日本に対して」と誤訳し改竄する。そしてそれが当然だと言う。これは絶対許せない。対訳は断じて『日本人に対して』ではないか!

私は即座に再質問の抗議のメールを送った。しかしこのやり取りに止めを刺したのは、やはり副館長の方だったのである。

「二〇〇九・九・一七　前略　広島平和記念資料館副館長の国重です。岡井様からの二通の電子メールを読ませていただきました。当館の見解は、これまでに回答したとおりです。当館の展示内容について、理解いただけないことは誠に残念ですが、同じ回答の繰り返しとなりますことをご了承ください。草々」

しかし資料館といえども、余りにも見え見えの改竄——対訳の明らかな誤訳——には気が引けるところがあって、少しの手直しで処理しようと機会を窺っていたようである。その通知が不意に来た。

「二〇〇九・一二・二四　前略　広島平和記念資料館副館長の国重です。この度、当館東館一階『原子爆弾』コーナーの展示を一部更新することとしましたので、お知らせします。『なぜ日本に投下することを決めたか?』を解説するパネルの一部『原爆使用はドイツではなく日本』を、次のとおり改めます。(中略)

パネルの根拠となる『チューブ・アロイズ』の覚書については、その一部"against the Japanese"の訳を、『日本に対して』ではなく『日本人に対して』と改めます。『チューブ・アロイズ』の覚書は、アメリカが原子爆弾を『なぜ日本に投下することを決めたか?』を説明する資料の一つとして展示していますが、原文に忠実な訳とするものです」

資料館のやった事とは、パネルの展示文の「原爆使用はドイツではなく日本」においては「原爆を日本に対して使用」としたままで、参考資料として展示した「ハイドパーク覚書」のコピーの対訳のほうは「原文に忠実な訳とする」とした事である。これは何という不一致、何という姑息的で、しかも手の込んだやり方かと驚くばかりである。こうして資料館は、あくまでもパネルの展示文には正しい表示である「原爆は日本人に対して使用」を出さない。もちろん私は、これに対して抗議したけれども、来たのは矢張り議論拒否の最後通告のみだった。

「二〇一〇・二・一〇

『原子爆弾』のコーナーの解説パネルについては、観覧される方が理解しやすいように、日本とアメリカとの国家間の関係で構成しています。展示を変更することはできません。これ以上は、同じ回答の繰り返しとなりますことをご了承ください。

副館長　国重俊彦」

この後、資料館副館長は国重俊彦氏から増田典之氏に代わったが、この両者はまったく同じことを同じ調子で言って来た。こうして新旧担当者間において何の変化も見せなかったのは、誠に見事なものだった。それを私流にまとめると次のようになる。

資料館は、「原爆は日本人に対して使用」は、そこに書いてあることがすべてであって、それ以上の意味は、他に資料が無いから分からないとして、「原爆は日本人に使用」との係わり合いを一切断ち切るのだ。そして、資料館の説明文作成の規範であるところの「国家間の関係」から言えることとしては、「『原爆は日本に対して使用』の文言に尽きる」であって、それ以上は絶対言うことが出来ない、とする。だから議論にはならないし、まして資料館に誤りを認めさせることなんかは出来ないのである。そして、この「国家間の関係」というのが、資料館にとっては金科玉条なのだ。これに加えて「資料館のする判断は総合判断であり、これは資料館の専権事項だ」としているのだから、資料館にものを言うのは、専制君主を相手にする時の「申し上げてみる」というようなものになる。

歴史学者も知らない「ハイドパーク覚書」

客観的な規準をもってそれに気付かせる道は無いか。

こうして私は、資料館の守るべき規範を学問に裏付けしなければならないと思ったので、機会を捉えて、ある時、有名国立大学の歴史学教授にハイドパーク覚書に関わる話をしてみたことがある。しかし驚いたことに彼は、ハイドパーク覚書なるものを知らないと言う。彼は確かに広島の資料館にも行ったことがあると言うのに、展示されていたはずのハイドパーク覚書のコピーも見なかったと言う。この時、彼が余りにも私の話を単なる世間話のように聞いていたので、私は記憶していた英文を書いて見せると、初めて彼はきちんと対応するようになったのだが、その後の二人の話は、どちらが歴史を専門にしているのか分からないようなものになってしまった。

以上のことから私は歴史学界の現状を垣間見たような気がしたので、これは歴史の学会で話をする以外ないだろうと考えた。学会での討論からなら、資料館に対する学問的規範が得られるであろう。「原爆は日本人に使用」の真の意味が問えるであろう。

こう思った時、季節は春だったが、私は、それから直ちに史学会というのに入って秋の学会講演に申し込みをした。ところが申し込み締め切り後、暫く経って思いがけなく講演不許可の通知が送られて来たのである。問い合わせると「大学院生・ＰＤ（大学院修了者）で職を得ていない方を優先させていただいた次第です」と言う。私は驚いた。自然科学の学会ではこんなことは絶対ない。これでは史学会は就職斡旋会ではないか。若い人への就職援助は大事だ。しかしそれは学会発表とは別物だ。発表申し込み数が多いというのなら、会場を工夫するとか、ポスターセッションをするとか、何とでも方法はあるはずではないか。しかし史学会理事はそれを考えようとしない。そして講演シャットアウトだ。これは言論の自由を奪うもので、これでは学問のレベルを下げると私は思った。実際、歴史学の専門家が基礎知識というべきハイドパーク覚書を知らないという事実を私は掴んだのだから。そして私は、史学会に年会費をだまし取られたと思った。私が一年で史学会を退会したのは言うまでもない。

結局、話はもとに戻った。資料館との論争の争点は「原爆を日本人に使用」が「原爆は日本人に使用、ドイツ人に使用しない」の人種問題を含んでいるか否かの簡単な問題なのだが、増田副館長は先ず、「ドイツ人には使用しないと書いてある公文書があるのか。資料館は公文書以外は認めない」と譲らない。そうなると残るのは論理の争いだが、増田氏は最後は論理すら認めなくなった。こうして私は結局、資料館との対話からも閉め出されたのである。何時の間にか五年経っていた。

資料館はこの数年後に内部補修をし始め、それまでの展示を撤去して全面改装した。こうして展示は全面的に更新されたのだが、それがどんなものになったたか、私は知らない。新改装の資料館は色々マスコミに報道されたが、「原爆は日本人に対して使用」の言葉が聞かれないのだから、変わったと言っても変り映えしないものであるに違いない。私ももう期待はしていない。私はやるだけの事はやったと思う。

第三章　原爆と戦争に関するメモ二、三

「原爆は日本人に使用」は戦争犯罪

私は、広島平和記念資料館との議論の過程で調べているうちに幾つかのことを知って、それらが考えを進めるのに役立ったと思う。そこで、それを思い出すままに書き留めて置くことにする。

原爆と戦争に関して私が取り組んだテーマは、要するに「原爆は日本人に使用」に尽きるのだが、それに私が特にこだわったのは、この「原爆は日本人に使用」という表現が特別に「異常」に思われたからである。そこで私は、他にもそんな表現がなされているのか、類似の使用例を探してみた。もちろんこれは、素人には難し過ぎる仕事だから成功するはずはないのだが、それでも幸いなことに、ルーズベルトが、原爆開発の総元締のグローブズに原爆がまだ完成していないのに、ヨーロッパ西部戦線の戦局に苛立って命令した時の生の声が、正にそのグローブズによって記録されているのを発見したのは幸いだった。

グローブズは、その著書"Now it can be told"（邦訳『原爆はこうしてつくられた』恒文社）で、こう言っている。

「なお、ヤルタに向けて出発する直前の会議で、ルーズベルト大統領は私に、もし欧州戦がわれわれの最初の原爆が完成するまでに終わらなかったならば、それをドイツに投下する準備をす

るよう希望する、と語った」（冨永謙吾・実松譲共訳）。

これは、一九四五年（昭和二十年）初頭、ベルギーのアルデンヌでドイツ軍が最後の猛反撃をして連合軍が苦戦をしたため、ルーズベルトがまだ出来ていない原爆が使えないかとグローブズに問うた時のものである。もちろん原爆は間に合わなかったし、実際にも使われなかったのだが、とにかくルーズベルトが、ハイドパーク覚書で「原爆を使う対象」としていない国、ドイツに対して原爆を使おうとしたのだ。そしてグローブズもそれを当然の命令として受け取った。だから原爆を使うために、その投下対象となる国を予め覚書に書いておく必要はまったく無かったということになる。兵器は軍事上必要があったら使う。これが鉄則でそれが全てで、ルーズベルトはその通り実行したのである。そして「ドイツ軍に対して原爆を使う」にも「ドイツ人に"on the Germans"」ではなく、「ドイツに"on Germany"」であった。これがグローブズの著書から分かった事実である。

他に原爆をどう使うかを語る時の言葉の使用例として、参考ぐらいになるものもある。ルーズベルトとグローブズが上記の会見より一月ぐらい前に会った時の様子が、トマス・パワーズの『ハイゼンベルグ戦争』"Heisenberg's War"（邦訳『なぜナチスは原爆製造に失敗したか』）に記述されている。時は一九四四年（昭和十九年）十二月三十日。原爆をどこに使うかで、ルーズベルトはドイツ、グローブズは日本と言うのだが、"on Germany""on Japan"で、"Germans""Japanese"ではないのだ。パワーズはピューリッツァー賞受賞者だからきちんとした言葉を使っているのだろうと思う。

さて、これだけの事実を前にして、ではルーズベルトとチャーチルが、ハイドパーク会談でなぜ「原爆は日本人に対して使用」で同意したのか、もう一度考えてみたい。原爆をどう使うか。ハイドパーク会談の時、原爆を使う軍事上の必要は無かったのである。しかし米英両国、国を挙げての尽力の結果、原爆の完成は間近であり、国民に隠して使った莫大な国家予算の成果を示す必要はあっただろう。そこで、ルーズベルトとチャーチルが、「しかし『爆弾』が最終的に使用可能になった時には、熟慮の後にだが、必要な場合には多分使用していいだろう」で合意してハイドパーク覚書を纏《まと》めたとしても、不思議ではなかった。だからここで止めて置けば問題はなかったのだが、「原爆は日本に使用」とか「日本人に使用」とかなると、一挙に戦争犯罪となる。何となれば、軍事上の必要でなく使うのは、政治上の必要であって、これはハーグ条約で禁止されている「不必要な殺戮をなす行為」となるからだ。しかも原爆は、それまでの兵器と段違いに破壊力が大きい。それを「日本人に使用」と目標を日本人に置くのは、非戦闘の日本人を多量に巻き込み殺戮することである。事実アメリカは、原爆の目標を非戦闘員の沢山いる都市としたのだ。ここで日本への原爆投下は、一挙にナチのユダヤ人殺害のホロコーストと同じ非人道の犯罪となるのであって、グローブズの記録は、ルーズベルトの犯罪に関して裏から意図を探るのに役立つ証拠となったのである。

しかしルーズベルトがなぜこのような悪魔的な戦争犯罪者になったかについては、辿ってみるともっと深刻な話になってくる。何となれば彼は、もともと名だたる人道主義者だったからだ。一九三七年（昭和十二年）ドイツのナチが、スペインのゲルニカを空爆して二千人の死傷者を出したこと、日本軍の爆撃機が中国の重慶を爆撃して一万人以上の民間の犠牲者を出したこと、これらを糾弾してルーズベルトは「無差別爆撃」と烈しく非難する有名な演説、シカゴ演説をしたほどだったからである。その彼が権力者として核兵器を手にする時、一挙に非人道的になった。その具体例が、事実として覚書に「原爆は日本人に使用」と残されているのだから、われわれは、権力者を信用してはならない。こうしてわれわれは、「核兵器は廃絶する以外ない」との動かし得ぬ根拠を得たと言えるのだ。

原爆は失敗隠しに使われた

原爆の日本への投下は、ルーズベルトの定めた路線通りに行われたのだが、最終的に、一九四五年（昭和二十年）八月六日と九日に広島と長崎に投下されたというその経過を、私がはっきり理解出来たのは、長谷川毅氏の『暗闘　スターリン、トルーマンと日本降伏』（中央公論新社）を見てからであった。私はこれで原爆が実際、いかにして投下に至ったかを非常に詳しく、かつ正確に知ることが出来、原爆神話を完全に粉砕する証拠が示されたと思うようになった。だからここで『暗闘』の紹介をしなければならない。

この長谷川氏の本は、題名が示すように、日本の降伏へ向けてのスターリンとトルーマンの暗闘の話である。長谷川氏はカリフォルニア大学サンタバーバラ校のロシア史専門の歴史学部教授で、アメリカ国籍をとった人だというから、この問題を語る最適任者であろう。

話の舞台は、一九四五年七月十七日から半月にわたって開かれたポツダム会談で、主役はアメリカ大統領トルーマン、ソ連首相スターリン、イギリス首相チャーチルの三人である。会談の主題は、この年の五月八日に降伏したドイツの戦後処理だったのだが、他方では原爆をめぐっての暗闘も繰り広げられた。

マンハッタン計画の原爆の完成日は、まったく偶然の一致か計画か――ちょうどポツダム会談・開始前日の七月十六日で、この日に人類最初の原爆実験が成功したのである。この成功はもちろん、アメリカからポツダムのトルーマンに報告された。しかし彼はさほど喜んだようでもなかったという。むしろ彼は、大統領になっての最初の海外旅行、最初の重要会議ということで、気持はこれからの会談のほうに向けられていた。彼が最初に直面する大きな問題は、スターリンがその年の二月にルーズベルトと結んだヤルタ密約通りに、ドイツ降伏後の三カ月以内に対日戦に入ると言ってくれるかどうかだった。それは、トルーマンが、ポツダムへ来る途中、妻へその不安を手紙に書くほどの心配事だったのである。スターリンとの会談は七月十七日のポツダム会談が始まる前に行われた。そしてこれは予想に反して、まったく難なく片付いてしまった。トルーマンは回想録に「ポツダム会談に参加した理由はいろいろあるが、私の頭の中にあった最も重大な理由は、ソ連が日本との戦争に参加する確認をスターリンから個人的にとりつけることであった」と書いているが、トルーマンとの会談中、スターリンは突然「ソ連はヤルタで決められたように、八月の中旬に戦争を開始する用意がある。ソ連はその言葉を守る」と言い切ったという。トルーマンは妻への手紙に「私はここに来た目的を達した。スターリンは八月十五日に何の条件もつけずに戦争に参加する」と書き、日記には「彼は八月十五日にジャップとの戦争に入る。ジャップもこれが来たらもうおしまいだ」と記した。

原爆実験成功の報告は七月十七日にも来た。これは、トルーマンには翌七月十八日に知らされた。彼はチャーチルと、原爆をどうスターリンに告げるかについて話し合ったりしたが、ポツダムでは別に大きな変化は起っていない。会談では予定通りの問題が、三巨頭の間で話し合われていたのであろう。ところが七月二十一日、原爆開発総責任者のグローブズから原爆実験成功の詳細な報告が送られると、状況は一変した。トルーマンは、原爆の爆発によって、何と七十フィートの鉄骨が一瞬にして気化してしまった、という報告を読むと、腰を抜かすほど驚いた。そしてチャーチル始めすべての人が言うように、トルーマンは急に自信を持った様子を見せて、アメリカの宿舎、小ホワイトハウスは活気を持って動き始めることになった。グローブズの報告でトルーマンは、原爆を使えばソ連の参戦は必要なくなると気付いたのである。そのためにはアメリカは急いで、ソ連参戦の前に日本に原爆を落とさなければならない。だからこの方向で、小ホワイトハウスは一丸となって大車輪で動いたのである。

それがどのくらい大車輪だったかと言えば、早くも七月二十五日にはトルーマンは、陸軍戦略空軍司令官に向けての参謀総長と陸軍長官の原爆投下命令を承認した。原爆投下はすでに軍事的決定と見なされていたから、大統領の直接の命令は必要としなかったのである。そして日本に降伏を求めるポツダム宣言が発表されたのは、順序が逆になってその翌日の七月二十六日であった。日本への降伏要求は後回し、そのくらい原爆投下へと急いだのである。

このアメリカの動きは当然、ソ連の察知するところとなって、ソ連はアメリカ以上に急いで対日開戦をしなければならなかった。ソ連はヤルタ密約で、参戦して日本から千島列島を奪い、中国からは大連港を租借することになっていたが、原爆で日本が直ちに降伏するとなると、ソ連は参戦できず、目の前の餌は空手形になる。この「絶対に必要な参戦」の前に、しかしソ連には急いでしなければならないことが山のようにあった。軍隊の大移動などのほか、大連港について所有地国の中国と外交交渉することなども必要だった。だからソ連も総力をあげて大車輪で動いたのである。

こうして両者とも奮闘して目的を達することには成功したのである。アメリカはソ連参戦の前に原爆を広島に落とすことができたし、ソ連は予定の八月十五日を早めて八月九日に開戦したから、ヤルタ密約を盾に、日本から千島列島を奪う権利を主張する資格を得たのである。

原爆投下と終戦に至るこの経過の中で、ソ連の動きは一言で言うと全く欲得のためだった。ではアメリカはどうか。アメリカは七月二十一日に原爆実験成功の詳報を得て、原爆で戦争を終わらすことが出来ると思ってからは、ソ連に対日参戦させまいと、それだけで動いた。今となっては、アメリカにとっては、ソ連の参戦を要請したヤルタ密約は失敗だったと分かる。しかしソ連参戦前に戦争を終わらせれば、ヤルタ密約は無かったことになる。これがうまくいけば失敗は消える。こうしてアメリカは、失敗隠しのために一生懸命急いで日本へ原爆を投下したのである。

私は今、原爆神話を「原爆は戦争早期終結のために使われた」と簡潔な言葉で語る人に、いや違う、「原爆は失敗隠しに使われた」と、より簡潔な言葉で言い返したいと思っているのである。

この米ソの国際法違反のヤルタ密約の問題はまだ未解決のまま続いている。日本とロシアの間には北方領土問題があって、日本はまだ解決されていないとし、他方ロシアは、日本が国際法を理解せず、訳の分らない事を言い続けると主張する。ヤルタ密約で奪った北方四島はどうあるべきか。

ロシア外務省の報道官は「第二次世界大戦の結果、クリル諸島の主権はロシアに属している。日本の外務省を現実に引き戻さなければならない。北方領土の主権は国連憲章などの国際文書に従いロシアに属しており議論の余地はない」と主張したという。二年前もラブロフ外相は当時の河野太郎外相に「『旧敵国条項』と言われる国連憲章一〇七条には、第二次大戦の結果は変更できないと記されている」と言っていた。そして日本は反論しなかった。これがいけない。ロシアは間違っているのだ。

一〇七条は、第二次大戦時の行動 (action) を無効にしたり (invalidate)、排除したり (preclude)

は、出来ないと言っているだけだ。「ヤルタ密約を一挙に否定するな」と言っているだけだ。よろしい。それなら日ソ中立条約を否定するのは尚更誤りだったはずだ。国際法にそった日ソ中立条約を蹂躙するのと、不法なヤルタ密約を肯定するのと、その問題を議論することから始めようではないか。それが道理、正論である。しかし日本の政治家は誰もそれを言わない。これこそ一番恥ずかしいことではないか。

ロシアは最近、憲法改正で「領土の割譲を禁止する」と定め、続いて議会が、「領土の一体性の侵害」に繋がる行為を違法な「過激行為」として処罰する連邦法改正案を成立させた。ロシアはあくまでも物欲国家であり、ロシア人はあくまでも物欲国民である。日本人とは違うのだ。安倍晋三首相は、ウラジミール、シンゾーなどと言い合って得々としていてはいけない。大事なのは道理と論理。これをきちんと磨かなければいけないのだ。

第四章　被団協に対する疑問

毒ガスは禁止兵器で核兵器は禁止兵器ではないのは

私はハイドパーク覚書のことを知った時、これを知らせて一番喜んで貰えるのは、被爆者団体協議会（被団協）だろうと思った。被爆者は日本人として原爆の非人道な威力を集中的に浴びせられた犠牲者である。もし日本人が敗戦国民としてこの残虐な兵器で罰せられなければならないとしても、結果としてそれを一部の人だけが悲惨な死と傷害とをもって引き受けるというのは余りにも不公平である。彼らは一瞬の閃光を浴びて命を落とし、生き延びても皮膚は垂れ、飛び出した眼球が垂れ下がり、血は流れ、呻き苦しんだ人たちである。しかし成行きとしては、それ以外の状況は有り得なかった。だから私たちは被爆者にただ頭を下げる以外ない。日本人の心情とすれば、被爆者に赦しを乞いたくなるところだが、何の赦しを乞うのか、論理的ではなくなってしまう。しかしとにかく、被爆者は余りにも非道い運命に翻弄されたのである。

そして、それに追い打ちを掛けるように、被爆者は抗議を持って行く先を持たなかった。アメリカは戦争終結を早めるために原爆を投下したと言う。原爆が無ければ戦争はもっと長引いて悲惨なものになったであろうし、アメリカ兵五十万人が犠牲になっただろう、と言う。要するにアメリカが語るのは原爆神話である。これに対して被爆者が立ち向かうことは出来ない。では矛先を日本政府に向けたらどうかと言えば、これは日本政府の問題でなく戦争だったのだから仕様がない、日本が負けたのだから仕様がない、となる。被爆者はこの問題では全く無力なのである。しかしここでハイドパーク覚書というものが見つかって、それに「原爆は日本人に使用」と書いてあったとなると、ここで原爆の正当性を問うことが出来る。被爆者とアメリカ政府、あるいは日本政府とは対等の立場に立てる。だから被団協はここで強くなれると私は思ったのである。しかしそれが簡単に巧く行かないことは、被団協に話す前の段階で分かって来た。広島市もそうだったし、広島原爆平和資料館もそうだったし、歴史学会すらそうだった。それでも私は一縷の望みを持って、被団協に恐る恐るメールを送っていた。恐る恐るというのは、私は矢張り被団協に負い目を持っているから、対等に口をきいては申し訳ないような気になって、お伺いを立てるというような調子でメールを送り続けていたのである。しかし一向に返事が無かった。

二〇〇九年（平成二十一年）、朝日新聞が「核なき世界へ」と題するシリーズで、有名被爆者へのインタビューを載せた時、被団協代表委員の坪井直氏は次のように語った。

「そもそも『核なき世界』はゴールじゃない。核兵器以外の武器でなら人を殺していいわけがない。すべての人間が尊厳を保たれ、健全に生きられる地球でないと。他の被爆者から『理想論じゃ』と笑われるけど、理想がなければ私は動けんよ。

話を聞いた子たちが十年二十年後に『坪井さんという被爆者が言っていた通り、戦争はいけん、暴力はいけんよ』と言ってくれれば本望よ。人類が明るい方向に向かうことを確かめてから『バンザイ』と言ってあの世に旅立ちたいんよ」

これはまさに私の言いたかったことではないか。この時、私は直ぐ坪井氏に手紙を送った。しかし不思議なことに返事は来なかった。

翌年の二〇一〇年（平成二十二年）、やはり夏が終わってからだったが、私は音沙汰の無い被団協に今度は電話をしてみた。係がメールを送れと言うので、また同じようなハイドパーク覚書のことを書いた。ただし注意を引きたかったので書き出しには問題点をはっきり書いた。

「市井の一老人ですが、メールを差し上げることをお許し下さい。ただし九月十六日、私は係の方と電話でお話して、許可を頂いたような形になっております。用件は、被団協の運動に意見を述べさせて頂きたい、ということです。そして、これも電話でお話したことですが、私は二〇〇四年（平成十六年）からほぼ毎年、そのことで被団協にメールを送り続け、一度もご返事を頂いていないのです。

被団協の運動を私が批判するのは、運動が折り鶴をかざしたり『ノーモアヒバクシャ』と叫ぶだけの形式化していることです。これはお盆に灯籠流しをしたりするのと同様で、年中行事にしか過ぎません。運動は本来、核兵器をなぜ無くさなければならないか、の議論を迫るものでなければならないのです」

すると二十日ほど経って初めて事務局長から返事のメールが来た。

「二〇一〇（平成二十二年）・一〇・一三

お手紙にお返事を書かなかったこと大変申し訳ありません。私は全国各県の被爆者団体の協議体である日本被団協の事務局長を務めています。長崎で中学一年生の時被爆し、五人の身内の命を奪われました。現在年金で生活し、ボランティア事務局長を務めています。日本被団協の役員は在職中から務め約四十年に及びます。

岡井さんがご指摘下さった『ハイドパーク覚書』のことは、岡井さんのご案内で私も初めて知りました。確かに、ご指摘のように原文によると、原爆投下の対象が『日本』ではなくて『日本人』であることに、余りのあけすけさに驚きました。当時の西欧人の人種差別意識をあらためて知らされました。ジョン・ダウワーさんも『容赦なき戦争』中でアメリカ人が敵国の日本人をむき出しで差別していたことが書かれています。ルメイ将軍の発想による『市民』を対象にした都市の絨毯爆撃による殲滅作戦も人種差別がなければ発想できなかったことです。残念ながら日本国はこのルメイ将軍に勲一等旭日章を授与しました。

『ハイドパーク覚書』については、日本被団協がどのような態度を示すべきかを組織の問題として正式に『討議の対象』にはしませんでした。事柄は事務局長である私が紹介しましたが、大きな議論にならなかったことは、このことを言挙げすることが日本被団協の運動にとって積極的な意味を持つとは考えなかったことによると考えます。

私は、原子爆弾が日本人に対して投下されたことは紛れもない事実であって、最初にチャーチルが発言したかどうかをこえてもっと重大な問題だと考えています。そもそも原爆投下は人類に対する犯罪行為だと日本被団協は表明してきました。しかし、この犯罪行為を裁く法的な措置は今日の国際政治の中には存在しないと法律家はいいます。国際司法裁判所が『核兵器の使用と威嚇は一般的に国際人道法に違反する』との勧告的意見を諮問した国連総会に報告しましたが、この勧告的意見を原爆投下に結びつける世論は被爆者の訴えのほかにほとんどありません。

また、日本被団協は核兵器を人類とは共存できない兵器であり、存在を認めること自体反道徳的と至る所であらゆる機会に訴えつづけています。また、核兵器の使用を前提とする核抑止力を認めることも反道徳的であり、核抑止によって安全を保とうとするドグマを批判し核兵器国とその同盟国とその国民が核兵器を廃絶し、日本を含む同盟国は核の傘から直ちに脱却することを文書や会議で訴えてきました。

岡井さんが『被団協の運動を私が批判するのは、運動が折り鶴をかざしたりノーモアヒバクシャと叫ぶだけの形式化していることです。これはお盆に灯籠流しをしたりするのと同様で、年中行事にしか過ぎません。運動は本来、核兵器をなぜ無くさなければならないか、の議論を迫るものでなければならないのです』と日本被団協の運動を批判されている『言い方』は全く承服できません。誤解も甚だしいことを申し上げておきます。何を根拠に日本被団協の運動をお知りになったか知りませんが日本被団協の月刊機関紙『被団協』やホームページをご覧頂けば上記の批判はないものと思います。残念です。日本被団協五十年史も是非ご購入の上ご覧頂きたいと思います。

日本被団協は核兵器をすみやかに廃絶することを求めて、高齢化した被爆者がさまざまな運動をつづけてきました。今年の五月にニューヨーク国連本部で開催された第八回ＮＰＴ再検討会議に向けて、四十二人の被爆者を含む日本被団協の代表が白人余の日本生協連の代表とともに各国の国連代表部への要請や四十数カ所でのニューヨーク市民、小、中、高、大学の生徒、学生に原爆の反人間性を体験を通して語りかけました。また、日本被団協は国連本部総会場ビルメインギャラリーで二カ月にわたって原爆展を開催し、被爆者が滞在している期間はパネルの前で体験証言しました。国連本部を訪問した世界各国からの見学者数千人が驚き、涙を流し、励まし、協力の意志を表明してくれました。四十枚のパネルのデザイン、作成は全て募金によって日本被団協が作成したものです。ニューヨークを訪れた被爆者は費用は自分で負担しました。これらの活動は長年の活動の、そして今年の活動の一部でもあります。

日本被団協に結集している全国の被爆者は折り鶴をかざしたり『ノーモアヒバクシャ』と叫ぶだけではないことを申し上げて私のご返事とします。

田中熙巳（てるみ）」

原爆は非人道的兵器でハーグ条約違反

被団協事務局長が怒りをこめて語る私の描写した「被団協の運動」は、朝日新聞のＮＰＴ再検討会議の報道「ヒバクシャの声届かない　現地の関心低く落胆」（二〇一〇年五月二十六日）に基づくものである。

「『ノーモア・ヒロシマ　ノーモア・ナガサキ』。被爆者らは連呼し、通行人に折り鶴を渡すなどしたが、反応はいまひとつだった。被爆者の声、『盛り上がってなかったね』『これじゃただの自己満足だ』

米メディアは被爆者の訪米はもちろん、会議自体もほとんど報じていない。日本被団協は国連本部で原爆展を開いているが、『米国に限らず、日本以外のメディアからの取材はほとんどない』という。『NGOプレゼンテーション』でも、取材に来ていたのは日本の報道関係者ばかりだった」。

私はもちろん直ちに謝りのメールを送った。しかしそれで一歩退くとしても、事務局長の手紙は私を全く失望させるものだった。彼はハイドパーク覚書を初めて知ったと言う。しかも「原爆投下の対象が『日本』ではなくて『日本人』であることに、余りのあけすけさに驚きました」とまで言う。しかし「このことを言挙げすることが日本被団協の運動にとって積極的な意味を持つとは考えなかった」のである。私はもう一度急いで、ハイドパーク覚書が人種を基にした原爆の大量殺戮で非人道的なものであり、ハーグ条約違反であることを書き送った。そして同時に、被団協の賛助会員になりたいとも言ったのだが、返事はもう来なかった。それから被団協へ連絡したのは、坪井直氏が広島原爆資料館の展示検討委員会の委員と知って、それに関する陳情書のようなものを送った時だけだった。

しかし被団協のことはやはり気になる。二〇一四年（平成二十六年）になって私は、再び事務局長にメールを送ってみることにした。しかしもう門前払いをくっているから、話は普通には持っていけない。私が可成り注意を払ったことは、その時のメールの「件名」欄を見れば分かる。「お読みいただければ幸いです」とか「ぜひご一考を」とか、低姿勢だったのである。しかし予想通り返事はなかった。それでも私は大事な問題だと思ったので、今度は被団協のホームページの「あなたのご意見、ご感想をお寄せ下さい」というのに書いてみた。だがこれにも返事は来なかった。

オバマ大統領のヒロシマ訪問への疑問

二〇一六年（平成二十八年）五月、オバマ米大統領が広島を訪れた。それはオバマ氏の大統領としての最後の年で、オバマ氏は、時間を工面して念願の原爆の地にやって来たのである。彼は急いで資料館を見た後、平和記念公園の原爆戦没者慰霊碑の前に立って演説をして、広島訪問を締めくくった。それは、あの有名な「七十一年前の晴れた雲一つない朝、死が空から落ちて世界が変わった」に始まる演説である。

"71 years ago, on a bright, cloudless morning, death fell from the sky and the world was changed."

臨席する人々の最前列には被爆者の代表何人かが招かれていた。演説はもちろん同時通訳で出席者にも聞こえる。しかし大統領の演説は、出だしが非常に凝っていて、聞く人は直ぐに理解できただろうか。それは、名文家のオバマ氏が考え抜いたものだったに違いない。筋としては「人間の進歩は文化を進めると同時に兵器も発達させて害を及ぼす。人間は叡智を持って克服しなければいけない」と歴史と文明を語るものだったから、彼はうまく語って、責任を果たしたと満足したに違いない。演説が終わると大統領は被爆者たちの方に歩み寄った。そして親しく語りかけているように見えた。それは和やかな雰囲気だったが、坪井直氏らはこの大統領を相手にして、うまく話せただろうか。もちろん用意はされているだろうが。しかし私は不安になった。そして同時に私は、前もって被団協にメールを送らなかったことを思い出して、被団協の人達に遠慮したことを後悔した。彼等の考えを邪魔してはいけないと思ったのだが、実際には危惧した通りのことが起こったのである。

この時、坪井氏はただひたすら握手をしたと言う。式の直後、彼は、大統領の握る力が段々強くなって心が通じたと興奮して語った。被団協も結局のところ純日本式なのだ。坪井氏は、長い間「アメリカには、こんちくしょーって思っていた」というのに一挙に丸くなった。もちろん遠来の賓客に対して失礼なことはしてはいけないのだが、一番大事なことはきちんと言わなければいけない。千載一遇の機会なのである。では言うべきこととは何だったか。それは先ず、オバマ大統領が核廃絶を道義的責任としたことを称えた後、「原爆は日本人に使用」とされて犠牲となった日本の被爆者のような例を今後作らないように、核の都市攻撃禁止へと動くよう頼むこと、これだけは言うべきではなかったかと思う。これは核廃絶と言いながら実績のなかったオバマ氏にも役立つものだ。しかし、問題は、坪井氏の問題というより被団協の問題であり、被団協の問題というより日本全体の問題であろう。そして実際オバマ氏が帰国しても、日本でこういう意見が遂に出なかったのだから、矢張りこれは本質的には日本の問題なのである。日本の意見が欠損しているところが、そのまま現れたと言える。

最後に私は谷口稜曄《すみてる》氏のことを書いて置かねばならない。終戦七十周年の二〇一五年（平成二十七年）八月九日の長崎原爆の日に、被爆者代表として「平和への誓い」を語ったのは谷口稜曄氏だった。谷口氏は被爆の死の床から立ち上がった伝説の人である。この日、日本国民の全ては、谷口氏のすさまじい体験を直接また新しく聞くことになった。「原爆を背後から受けて大火傷が背中全体を覆った。手をあてるとヌルヌルと焼けただれた皮膚がべっとり付いて来る」しかも彼が救い出されたのは三日後である。それから三年間、谷口氏はうつ伏せのままで、胸が床擦れで骨まで腐ったと言う。私はこのことを、もうずっと前から聞いて知っているが、聞く度にこの長い苦しみに耐えた谷口氏は大事業を成し遂げた人だと思う。この人ぐらい、天から与えられた命を大事にした人はいないと思う。谷口氏は、被爆七十年の記念の年に他者をもって置き換えることのできない仕事を果たした。これは記憶に残る出来事だったと思う。

しかし正直に言うと、その尊敬すべき人を私はこの口、実は苦痛をもってＴＶ、新聞で眺めることになった。私は、二〇一〇年（平成二十二年）に谷口氏のうつ伏せの写真を目にしてから、何度となく彼にハイドパーク覚書のことを言い続けて来たのである。私は、谷口氏の使命はハイドパーク覚書を世界に語ることだとの確信を持っている。米英首脳は、この覚書で「日本人には原爆を使う」とアウシュビッツの宣告をして、何の罪も無い谷口氏を死の淵をさまよわせ苦しませた。谷口氏こそ被害者当人として、その代表として、うつ伏せの写真を持って宣告した側を追及しなければならないのである。

しかし谷口氏は私の呼びかけに全く無言だった。谷口氏は長崎原爆被災者協議会の会長だから、私の出した協議会宛のメールは確実に谷口氏の手元に届いているはずなのだ。谷口氏個人にしても、ハイドパーク覚書の宣告によってこんなに非人道的な酷い仕打ちをされたと語ることは、問題の核心から言って最も必要なことなのである。しかし谷口氏からは全く反応がなく私は理解に苦しんだ。谷口氏はせっかく原爆による大火傷を乗り越えたという実績を持って、日本人に対するホロコーストを目に見える形にしているのに、この宝の持ち腐れをしているのである。「大火傷は日本人へのアウシュビッツだ」と世界に分からせなければならなかった。大火傷が単に大火傷に止まるなら宝でなくなる。そしてこの宝を失うということは、谷口氏個人の問題のみならず、人類全体の問題なのである。

二〇一五年（平成二十七年）のＮＰＴ再検討会議でも、谷口氏はアメリカの会場まで行きながら、この宝を宝として使わなかったので、私はまたもメールを送った。もちろんこれにも返事はなかった。メールは四月二十六日だった。その後、私は谷口氏のヌルヌルの皮膚や被爆者の垂れ下がった皮膚が、原爆の熱線の恐るべき作用によるものと知った。数千度という熱線は、皮膚の真皮や表皮の水分を一瞬のうちに蒸発させ、発生した高圧ガスが表の皮膚を吹き飛ばすのだという。生卵を電子レンジにかけると破裂して殻が吹き飛ぶ、あれだ――。

となると原爆は、人間のバーベキューをやっているのではないか。原爆は「原爆レンジ」となって半径五キロメートルの範囲の人間を黒こげにし、バーベキューをする。電子レンジは半径五センチの中で肉のバーベキューを作る。「電子レンジ・チン」で食肉のバーベキュー、「原爆レンジ・チン」で人間のバーベキュー。国際司法裁判所ＩＣＪは、原爆は一般的に人道的国際法に違反するとの勧告的意見を出したが、「原爆レンジ・チン」まで認識してなかっただろう。日本人に対するアウシュビッツ惨劇が、ハイドパーク覚書でこんなに残酷に作られたのに、この事実を人はなぜ言わないのか。谷口氏はなぜ言わないのか。なぜＮＰＴ再検討会議で言わないのか。なぜ避けるのか。私にはこれが全く分からない。しかし私の心の中で谷口氏が偉人であるという尊敬の気持は動かない。いつか機会を作って谷口氏から気持を聞きたい。そうすれば核廃絶の問題への理解も一歩進むであろう。私はそう思い続けていた所、二〇一七年（平成二十九年）八月三十日、谷口氏が十二指腸乳頭部癌で亡くなったと知った。享年八十八歳。私は今も偉人に謎を残された気分でいるのだ。そうとしか言いようが無い。

第五章　核廃絶は国際法で

占領地への入植を国際法違反としない米欧

世界の戦争は収まりそうもない。その一番先頭に位置するのは、前にも述べたように、イスラエルとパレスチナの争いだと私は思う。これが引き金となってイラク戦争や同時多発テロとなったのだが、この厄介なイスラエル対パレスチナ抗争に何とか解決をつけるとすれば、少しでも合理的に解決できる部分を見出して、得られた成果を積み重ねる以外ないだろう。しかし実際にはそういうやり方が模索されることなど、ほとんど無かった。それどころか事態は益々悪くなって行ったのである。

近年、それは次のように展開した。イスラエルのネタニヤフ首相が、国連で決められた領域を越えて、占領地帯をイスラエル国民の居住地としたことに対して、先ず世界は一斉に非難したけれども、アメリカは結局押し切ってこれを合法としたのである。二〇一九年（令和元年）十一月には米国務長官は記者会見で、占領地帯への入植は「国際法に違反しない」と述べて、イスラエルを容認する考えを示した。この発言は、それまで入植地の正当性までは認めて来なかった米政権の基本方針を一挙に転換させるものであった。この時、国務長官は、入植を国際法違反と非難することが「和平を進展させて来なかった」と言って、方針転換は「現地の事情を認めたものに過ぎない」と開き直ったのである。そして二〇二〇年（令和二年）一月になると、トランプ大統領は「ユダヤ人入植地の大部分をイスラエル領土とする新たな中東和平案」をネタニヤフ首相同席の下に発表した。こうして入植の現状が追認されたわけで、もちろんパレスチナは怒り心頭だが、この中東和平案の議論の場となった安保理においては、各国はアメリカに遠慮して、批判的な意見はもう少数派だった。イギリス代表は「米提案は、問題を解決しようという真の願いを示すもの」であるとしたし、ドイツ代表は「案は議論に値する詳細な項目も含んでいる」と肯定的な評価だったと言う。

世界で正義が蹂躙されることは多い。しかし今の場合は、余りにもその極端な悪例である。一国が、他国の領土に侵入してそこに自国民を入植させて、その地を自国の領土とする。白日青天下、ネタニヤフ首相は国家先導の侵略を堂々とやったのである。そしてトランプ米大統領はそれに対して、もう良かろうと思う頃に飛び出して来て拍手喝采する。こんな恥知らずの所業が一体これまでにあっただろうかと思う。世界は汚された。にも拘らず、糾弾の声は少しも上がらない。これは異常ではないか。世界は歴史を忘れたのだろうか。まさにこれこそが長い間、ユダヤ人が、まわりから嫌われ続けて来た理由ではなかったか。

前大戦中、私は読むものが無かったので、押し入れにあった古い雑誌、『学士会月報』というものを読んだことがある。これは旧制大学の同窓会誌のようなもので、中にドイツ留学の話が載っていた。それは、ナチ勢力下での現地体験談だったが、当時はたとえ平和であっても外国滞在など庶民にとっては高嶺の花だったし、第一、私がそれを読んだのは戦時中だったから尚更のこと、珍しい読み物だったのである。筆者は裕福な出身らしく現地に着くと先ず自費で室を借りた。しかしどうも落着かない。それを知り合いになった土地の人に話すと、「その大家というのは、何かと言うと金を請求する人間ではないか。それは多分ユダヤ人だからで、良かったら私のところに来なさい」と親切にしてくれたと言う。そこで引っ越したのだが、その親切だった人が何と前の大家と同じタイプの人間だった。そこで筆者は堪えられなくなって転居を申し出ると、即座に驚くほどの金を請求された。そのとき大家からは、家具に疵《きず》を付けられたとか、壁を汚されたとかの理由がつけられたのだが、筆者によると、それらは入居前からの破損だった。それで彼は尚更嫌気がさして飛び出したのだが、このことを人に話すと、「そうでしょう。あれはユダヤ人だから」と言われて筆者は絶句し、何が何だか分からなくなったとして、更にその種の話を色々続けていたが、残念なことに私は具体的なことはもう忘れてしまった。しかしユダヤ人の気質という問題で社会全体が掻き乱されていたことは、少年であった私にも分かった。後にユダヤ人に対するホロコーストを知らされて、もちろん私はそれを憎んで、ある時わざわざアムステルダムのアンネ・フランクの隠れ家を訪ねたほどだったが、ホロコーストの底流にあったユダヤ人の気質のことは、自分の記憶から離れなかった。その後、同様な問題は、ドイツだけでなく、フランスにもポーランドにも拡がっていたと聞かされた。「ユダヤ人の気質」という面倒な問題をきちんと片付けなければ、ホロコーストの問題は永久に片付かない。そして今、パレスチナへのユダヤ人四十万人入植の話を聞くと、まさに本質的な問題が何等片付いていないと思わせられる。八十年程前のドイツでの「えげつない家賃取り立て」が今そのまま続いているではないか。四十万人もが不法入植をやって侵略者となっても、イスラエル国民は何とも思わない。不法入植を指揮するネタニヤフ首相自身が汚職で起訴されている人間であっても、イスラエル国民は意に介さない。一方、ドイツはホロコーストで「脛に傷持つ身」だから、こういう問題に対しては何も言わない。しかし日本は同じく昔、満州で中国人から土地を奪って日本の開拓民にそれを与えた身、「脛に傷持つ身」であるからこそ、今、贖罪としての義務からでも、イスラエルの不法を正すべきなのだ。そうしないと世界は良くならない。日本国民は、憲法で平和を志向すると誓っているではないか。有言実行、出来ることを先ず実行しなければいけない。

そして今、世界では依然として水面下で人種間の争いが進行していると思う。ドイツ内務省によると、ドイツ国内の反ユダヤ犯罪がこの五年間に五十%近く増えたと言う。人種差別などの状況を調べる欧州基本権機関（ＦＲＡ）の二〇一八年（平成三十年）の調査によると、回答した欧州の約一万六千人のユダヤ人のうち、九十%近くが「反ユダヤ主義が過去五年の間に自国で増えた」と回答。危害を加えられる危険などを感じて移住したことがあったり、移住を考えたり――そういう人は、ドイツ、フランス、ベルギーでそれぞれ五十%近いと言う。これでは昔とちっとも変わらないではないか。そして、それを総括する出来事が、「ユダヤ人入植地の大部分をイスラエル領土とする新たな中東和平案」である。明らかな不正を超大国アメリカが支え、協力する。

だから火種は何時爆発するか分からない。

「核兵器禁止条約」を一二二カ国の賛成多数で採択

しかし幸いなことに、これで問題点がはっきりしたと思う。今こそ世界は、理性と良心とをもってこの問題に取り組まねばならないのである。

一方にこのような問題がありながら、他方、世界では思わぬところで核廃絶への動きが進んでいた。それに気が付かなかった私は、不明という以外ないのだが、二〇一五年（平成二十七年）十一月五日、国連総会で軍縮・安全保障委員会の投票が行われ、そこで私の予想もしなかった提案が採択されたのである。それは核兵器の法的禁止を目指す動きのスタートと言うべき画期的なものだった。

提案国はオーストリアと南アフリカで、先ず作業部会を二〇一六年（平成二十八年）にジュネーブで開くという。決議案の標題は「核兵器の禁止と廃絶に向けた人道の誓約」と「核兵器のない世界への倫理上の要請」であった。そしてこの提案は、一三〇近くの国々からの賛成を得て成立した。この時、核保有国や北大西洋条約機構（NATO）などは反対し、日本は棄権したのだが、国連加盟国の総数は一九三だから、圧倒的多数の国々が核兵器の法的禁止に賛成したのである。

これらの国々は生物・化学兵器や地雷、クラスター爆弾と同様に核兵器を国際法で禁止するようにと主張する。しかしこれに対して、核拡散防止条約NPTに調印して核廃絶義務のある核保有国などは反対だ。とりわけアメリカは先頭に立って断固として反対を掲げる。日本はこの頃、世界の多くの国の流れを見て外務省内に研究会を作ったのだが、最初は「核兵器の法的禁止」を研究題目に挙げていたのに直ぐにこれを取り下げたから、世界で唯一の被爆国の看板を掲げる日本が目指すのは、決して「核兵器の法的禁止」ではない。実際その後、日本は何もしなくなった。というより広島も長崎も放り出して、ひたすらアメリカにベッタリくっ付いて動き回ったのである。

そんな日本等をよそに、画期的な提案で成立した核軍縮作業部会のほうは、二〇一六年（平成二十八年）十月には、核兵器を法的に禁止する「核兵器禁止条約」について、翌年から交渉を始めるという決議を一二三カ国の賛成多数で採択した。注目すべきは、賛成国の中には何と北朝鮮が入っていたことである。これに対して、米ロ英仏などの核保有国や米国の「核の傘」の下にいる日本など三八カ国は反対し、中国など一六カ国は棄権した。メキシコやオーストリアなどの提案国が「核兵器の非人道性」を訴えたのに対して、米国は「第二次大戦後の安全保障体制を下支えして来た長年の戦略的安定性を『核兵器禁止条約』は損ないかねない」という意味不明の理由で強硬に反対を表明する。そして自らが主導する北大西洋条約機構（ＮＡＴＯ）の加盟国などには、交渉開始の決議に棄権せずに反対するよう文書で強く圧力をかけたのである。この時、日本が決議に反対した理由として、岸田外相は「決議は、具体的、実践的な措置を積み重ねて核兵器の無い世界を目指すという我が国の基本的立場には合致しない」と曖昧なことを言ったけれども、彼は最初は「私としては交渉には積極的に参加し、主張すべきことは主張していきたいと考えている」と言っていたのである。しかしこれが、いかにもその場限りの取り繕いであったように、岸田氏は実際のところ「核兵器禁止交渉会議」に参加して発言することは一度もなく、当然の結果として「主張すべきこと」も主張しなかったのである。

ではそもそも「核兵器禁止交渉会議」で賛否双方が本当に議論すべきは何だったのか。アメリカは核兵器による長年の戦略的安定性に下支えされて安全保障体制が成り立って来たと主張する。つまり超強力の殺戮兵器の脅威によって現在の安全保障体制が保たれているから、核兵器は廃絶すべきでないと言うのだが、世界の大多数の国はそれがおかしいと思うからこそ、「核兵器禁止交渉会議」を作ったのだ。そこで道理として、「核兵器を禁止すべきか、すべきでないか」それを真正面から徹底的に議論するのが筋である。議論しないのは言論の自由の否定である。結局アメリカは、自由のチャンピオンを標榜しながら、言論の自由を否定するという根本的な矛盾を犯すことになった。

「核兵器禁止交渉会議」は二〇一七年（平成二十九年）三月、国連第一委員会で開かれたが、日本は最初から不参加を表明して、橋渡し役をとっくに放棄した。そしてアメリカは、持論の「核禁止条約は、平和を下支えする戦略的安定を損なうものであって、それは均衡を崩す」の主張をし続け、NTPの国々やアメリカ傘下の国々は、会議に参加もしなかった。議論から逃げたのである。しかしそんな対立の中、七月に核禁止条約は支障なく正式に成立した。国連加盟国一九三カ国の中、一二四カ国が投票に参加し、一二二カ国が賛成した。残りの二国は、北大西洋条約機構（ＮＡＴＯ）の加盟国ながら出席して反対したオランダと、棄権したシンガポールとである。

こうして核禁止条約は国連総会で承認されたが、三年経った二〇二〇年（令和二年）になっても批准国は四十で、条約が効力を発するために必要な五十に達するかどうか危ぶまれている。それに有力国の殆ど全てが背を向けている状態で、条約に実効力が生ずるのか否か。肝腎のことが危ぶまれているのである。

条約の賛成派と反対派とで、悪いのは、もちろん反対派だ。議論をしない。議論をしたら負けると思っているのだろう。彼等はしきりに、世界の現状を維持しているのは、核抑止力であると言う。確かに核抑止力は、核兵器を持たない国に対しては効力があるだろう。力の絶対的格差は厳然としたものだから、核を持たない国は核保有国に立ち向かわない。戦争とはならないのである。しかし問題は、核保有国同士の対立で、これが本質的な問題なのだが、肝腎のこの場合、最初から力関係は五分五分なのだ。だから核抑止力なんか何の意味も持たない。実際それは、我々が第四次中東戦争で見た通りだ。何かの手違いで、ロシアは核対決の態勢に入り、アメリカはデフコン３を指令し、発射スイッチを押すか否か、あわや一発の危機になったではないか。核抑止力など、全く無意味になった。こういうことから議論をしないといけないのだ。しかし、そんなことは何故か一切やらない。

世界は二つに割れた。核禁止条約推進派と反対派との争い。これをどう収めて行くか。昔、哲学者ホッブスは、人間が自然状態では争い続けるのを、「万人の万人に対する闘争」として、これを治めるのに絶対的権力を持った主権者リヴァイアサンを創った。なるほど、闘争を治めるという点では、これは論理的である。いま核禁止派と反対派の闘争には、法のリヴァイアサンが必要なのだ。そんなリヴァイアサンはいないのか？　いや、いるのだ。しかし実際は、それが本当のリヴァイアサンでなかっただけの話で、誤った事を言ったのだ。しかも、その誤りを「万人」が知らずにいる。今あるのは、そういう問題なのである。私はその話をしなければならない。

今こそ、道理主義を叫ばなければならない！

これから話すのは、世界の法のリヴァイアサンたるべきだったものが、いかにお粗末な事をしたかの話である。一九九六年(平成八年)七月八日、国連総会と世界保健機関WHOの二機関から、「核兵器使用・威嚇が国際法に照らして違法かどうか」について勧告的意見を求められていた国連の国際司法裁判所ICJが、「核兵器使用・威嚇は、紛争に関する国際法、人道法の原則に一般的に反する」という判断を発表したのだが、同時にICJは、「国家の存亡の危機に直面するような極限状態における自衛権としての核兵器使用の違法・合法性については判断を示すことが出来ない」としたのである。となると結局、この勧告的意見は「核兵器が違法であるか合法であるかは言わない」というものになってしまい、ICJ勧告というのは、まるでそれが無かったような、影の薄いものになってしまった。そして以後、ICJ勧告の批判すらなされないようだが、これがいけない。批判して問題点を明らかにして、本来のＩＣＪ勧告はどうあるべきだったか、それを世界に知らせなければいけない。ではＩＣＪ勧告のどこがいけなかったのか。

ＩＣＪ勧告的意見というのは、普通の判決文のように「事実、理由、各国の主張」について述べた「解説的な説明文」の後に、判決の主文にあたる勧告的意見をいくつかの項目に分けて、判事の賛成・反対の票数と共に記載している。ＩＣＪは、こうして形式を整えたように説明文も几帳面に整えた。中でも最主要の人道法の説明などは非常に良く出来ている。ＩＣＪは、人道法についで次のようにまとめた。

「人道法の体系を構成するこれらのテキストに含まれる基本原則は、以下の通りである。その第一は、市民の生命財産の保護を目指すことと、戦闘員と非戦闘員の区別の確立とである。国家は、決して市民を攻撃対象としてはならない。従って、民間を標的にするのと軍事を標的にするのと、この区別ができない兵器は決して使ってはならない。第二の原則として、戦闘員に不必要な苦痛を与えてはならない。従ってそのような害を与えたり苦痛を不必要に増大させたりする兵器の使用は禁止される。この第二の原則の適用において、国家は、使用する兵器に関して、選択の自由を無制限に有するものではない」

ＩＣＪは人道法をこのようにきちんと纏めたのだから、ここから当然、結論として核兵器禁止が期待される。核兵器は広範囲に亘って殺戮するのだから、市民の標的と軍事標的との区別がつかない。もちろん苦痛を不必要に与え、不必要に増大させる兵器であることは言うまでもない。

ＩＣＪの説明文には書いてないけれども、証拠の事実は余り過ぎるほど十分ある。まず原爆は、人道法の禁ずる市民の殺戮を膨大な数、実行した。というより原爆の攻撃目標が人間それ自体だったのである。それはルーズベルトとチャーチルによってハイドパーク覚書に明記された。「原爆は日本人に対して使う"Used against the Japanese"」と。そして原爆が、民間と軍事の目標を識別しなかったことは、広島・長崎の被害から明らかである。原爆が、不必要な残虐を与える兵器であることは、谷口稜曄氏の記録が語る通りだ。ＩＣＪの説明文を支える証拠は、このように揃っているのである。

さて「ＩＣＪの主文である勧告的意見」は先ず「核兵器に対する制約」について述べているから、その紹介から始めると、それが次の十四判事全員一致の三項目である。

「1　国際慣習法にも国際条約法にも、核兵器の威嚇または使用を特定して許可したものはない」

「2　国際連合憲章第二条四項に反し、かつ、第五十一条のすべての要件を満たさない核兵器を用いての武力による威嚇または武力の行使は、違法である」

「3　核兵器の威嚇または使用は、また、武力紛争に適用される国際法、とりわけ国際人道法の原則および規則の要件、ならびに核兵器について明文で扱っている条約等と両立するものでなければならない」

上記三項目の一番目は、核兵器の使用が国際法で特別に許可されてはいないことを述べる。二番目は、国連憲章によって、核兵器も自衛のため以外には使用出来ないことを書いている。そして三番目では、核兵器は、戦時国際法、とりわけ人道法に反するものであってはならない、と特記している。

これだけの点で、実に全判事一致の同意が得られているのだ。そこで続いて当然、「核兵器は禁止」との勧告となるはずだ、と待ち受けていると、先に述べたように、そうではない。なぜか。おかしいではないか。

その一番大事なところでのＩＣＪの勧告的意見というのは、この話を始めた時、最初にＩＣＪ勧告的意見として紹介した纏めの文章なのだが、これが一番大事なＩＣＪの意見だから、その部分をもう一度、そして今度は全文、載せると次のようになっている。ただし、ここでは後の説明のために、文章をＡ、Ｂ二つの部分に分けた。

「Ａ　以上に述べた要件から、核兵器の威嚇または使用は、一般的に、武力紛争に適用される国際法、とりわけ人道法の原則および規則に反することになる」

「Ｂ　しかしながら、本裁判所は、国際法の現状および利用しうる事実の証拠に立って考えると、国家の存亡が危険にさらされている自衛の極限状況においては、核兵器の威嚇または使用が合法であるか、違法であるか ("lawful or unlawful") について、確定的に結論を下すことは出来ない」

この評決は、七対七で同数のところ、裁判長が賛成側だったから辛うじて成立したのだが、この「矛盾の塊」とも言うべき「勧告的意見の総括部分」は、一体どういう事実をもって、またどういう理由をもって書かれたのであろうか。

最初に述べた人道法の説明からすれば、当然「A　核兵器は人道法に反する」で、勧告的意見の終了となるはずである。然るに終了とならなかった。

なぜICJは「B　核兵器の威嚇または使用が合法であるか、違法であるかについて、確定的に結論を下すことは出来ない」などというAを否定するものを書き加えたのか。そもそもICJは、Aで核兵器の息の根を止めたのだ。それをBでは何の説明も加えずに蘇生させた。どんでん返しだ。だが、芝居ではあるまいし、現実社会の問題なのだ。ここで、「ふざけるな！ 冗談も好い加減にしろ」と怒号が飛ぶところだが、現実にはそんなことは起こらなかった。人は一体、真面目に考える事をしないのだろうかと、不思議なところだが、ICJがそれを見越して、あんなインチキの勧告的意見Bを書いたとすれば、これは空恐ろしい。ICJは、国連の法の番人、世界の法の番人ではなかったのだ。法のリヴァイアサンたるべきものは、実は悪魔のリヴァイアサンだったのである。どうして誰もそれを見抜けないのか――。というのも、また、考えると空恐ろしい。世界は間違っている。道理も論理も堕落しているのだ。

私は今こそ、道理主義を叫ばなければならないと思う。平和のために。人類のために。時代を変えなければいけない。そして道理主義こそ、その役割を果たすことが出来ると思う。世の空気を変えなければいけないのだ。

追記

核禁止条約は２０２１年1月に発効する。この条約はハル・ノートと共通の性格を持つ。両者とも条件が整えば世界を動かすが、その条件とは核兵器禁止条約では有力国が批准すればであり、ハル・ノートでは日本が受諾すればであった。もちろん両者には全く違う点もある。ハル・ノートにもっともな意見を言えるのは天皇だけだったが、核禁止条約に批准しない日本政府に反対意見は庶民でも言える。「人道法に反する核兵器（ＩＣＪ勧告的意見）が許される理由は何か」「核保有国は核抑止力の有効性を主張するが、それは肝腎の保有国同士の対決では働かず、核発射競争の地獄になる可能性が極めて高いと判明した（第四次中東戦争）のに核が許せるか」。

これらをもって政府に批准を求めよう。言論の闘いに持ち込もう。言論の闘いなら、こちらの意見が「事実と論理」である限り勝てる。正しい方が勝つのだ。

補章　ニュートンのプリンキピア

2020年（令和2年）の春、新型コロナウイルスの感染が拡大の気配を見せ始めた頃、世界的流行ということで17世紀のペストの流行が語られ、それに伴って、当時ケンブリッジから郷里に避難していた若きニュートン Newton(1642-1727) が、郷里で万有引力の法則を発見したことが語られた。これは別に今回の新型コロナウイルスと関係があるわけではないが、そのくらいニュートンが偉人なのだということであろう。ところで誰もが注目するこの万有引力が「距離の2乗に逆比例する力」であることをニュートンがどうやって見付けたかの方は、知る人は数少ないと思う。学校でも教えられていない。高校や大学の講義では、万有引力が距離の2乗に逆比例する力として天下り的に出て来るだけである。

ニュートンは、この万有引力発見の仕事を著書『プリンキピア　自然哲学の数学的諸原理』に纏めて書いている。しかしこの本をどのくらいの人が読んだだろうか。私はもちろん『プリンキピア』を知らない。多分、世界的にも原書を本当に読んだ人は非常に少ないだろう。そこで天文学者でノーベル物理学賞受賞者チャンドラセカール Chandrasekhar (1910-1995) が、それを嘆いて解説書を書いた。『一般読者のためのニュートンのプリンキピア　Newton's Principia for the Common Reader』。私はこの解説書の原文も読んでいないのだが、気が付くと訳本が出ていて、これを偶然本屋で見付けた。それは題名に引かれたというより、異様に大型の本だったからである。

この本は普通の本棚には入らない。 後で重さを量ってみたら２キロあった。とにかくこうして思いがけず、私はこの翻訳本を手に入れたのだが、これがまた「一般読者のために」と言っても難物だった。幾何の力を駆使して話を進めて行く。正直に言うと、私はお終いまで読み通すことが出来なかった。「一般読者のレベル以下」と言われれば正にその通り。ではなぜそんな人間がその本について語ろうとするのか。敢て言うと、今の忙しい社会に生きる人間としては、簡単に要点を多くの人に知らせることも必要であろうと思うからだ。ニュートンがどのようにして逆自乗の引力の法則に達したのか。そのポイントだけでも「一般読者レベル以下」の人たちと分かち合いたい。それが道理主義の「一つの文化」の立場なのだ。だから私は、それをここでやろうと思う。

と言っても、ニュートンも万有引力の法則を得るためにはデータが必要でそれを整えたのはケプラー Kepler(1571-1630)だから、まずケプラーの話から始めなければいけない。

ケプラーは、コペルニクスやガリレオほど有名ではないが、この２人を超すかもしれないという程の大天文学者である。彼は、驚くべき精密な観測をする天体観測家として、太陽を巡る衛星の軌道を極めて正確に測定した。その話は朝永振一郎の名著『物理学とは何だろうか』（岩波新書）に非常にうまく書いてあるが、ここでは天体観測の筋道だけを簡単に説明する。それは原理的には三点測量である。では三角測量とは何か？　今、学校の運動場に 100 メートルのコース L があるとして、遠くの塔 P までの地図を塔まで行かずに作るとする。それには、L

の両端から塔 P を見た時の方向と L とが作る角度 θ, ψの値を求めれば良い（図 1)。これから縮尺図が作れるから、塔までの距離が分かるのだ。

天体観測にもこれと同じことをする。ケプラーは、「太陽と地球との距離」を単位とする尺度を使って、先ず太陽と火星との距離を非常に正確に求めたから、ここでもそれから始めることにしよう。

ケプラーは、観測の出発を太陽 S、地球 E、火星 M が一直線に並んだ時とした（図 2　その時､地球 E は E_0 の位置にいる)。地球は太陽を中心とするほぼ円軌道を 365 日かけて一周するが、火星はその外側の軌道を 687 日かけて一周する。そこで出発時から 687 日後には火星は一周して元の位置 M に戻っているが、地球は 2 周の終り近くで、「後 43 日で E_0 に戻る」という E_1 にいる（687 + 43 = 365 × 2、図 2)。この時、太陽、

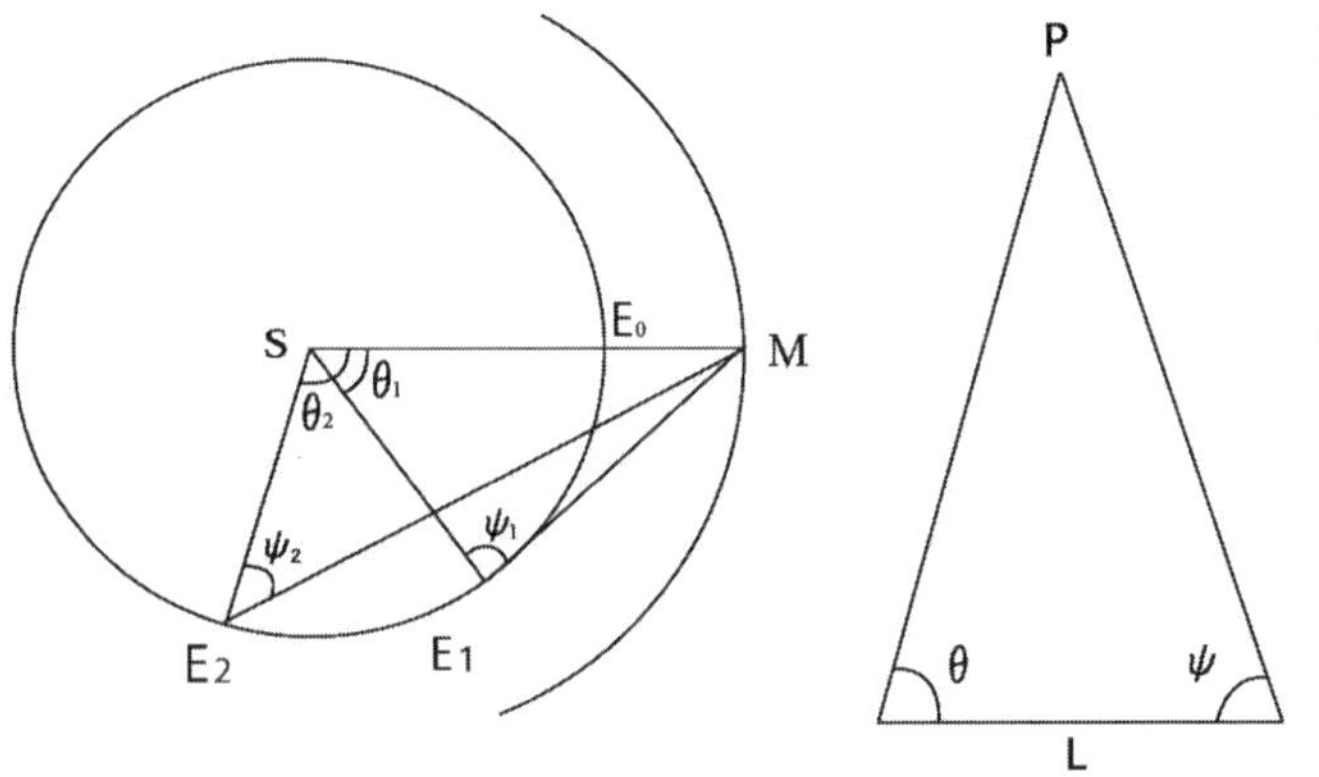

図 2　図 1

表

	r	T	rの３乗	Tの２乗
水星	0.387	0.241	0.058	0.058
金星	0.723	0.615	0.378	0.378
地球	1	1	1	1
火星	1.524	1.881	3.539	3.538
木星	6.204	11.862	190.93	190.90
土星	9.582	29.457	879.7	867.7

地球、火星は三角形を作っているから、三角測量のθ_1とψ_1とを測れば(図2)、太陽と火星の距離は、太陽と地球の距離を単位として求められるのである。二つの角度のうちθ_1は上記43日から割り出せるし(360度× 43/365)、またψ_1は、観測から求められる。そして更に687日後、地球がE_2に来た時も同じ操作をして、太陽と火星の距離を求めるのだが、この時求めた火星Mの位置は前回と少しズレている。これはもちろん一致しなければならない。ではどこに不一致の原因があったのか。それは、地球軌道の円の位置が正しくなかったからだ。調査の結果、軌道の円の中心を太陽から軌道半径の1.8%動かさなければいけないと分かった。こうした操作を重ねることによって、地球の正しい軌道が求められて行くのである。

さて正確な地球の軌道が求められたことによって、次に地球の軌道に対する火星の位置が次々と定められて行き、それらを繋げることによって、火星の正確な軌道を求めることが出来る。それがどのくらい正確かと言うと、火星の軌道面が地球の軌道

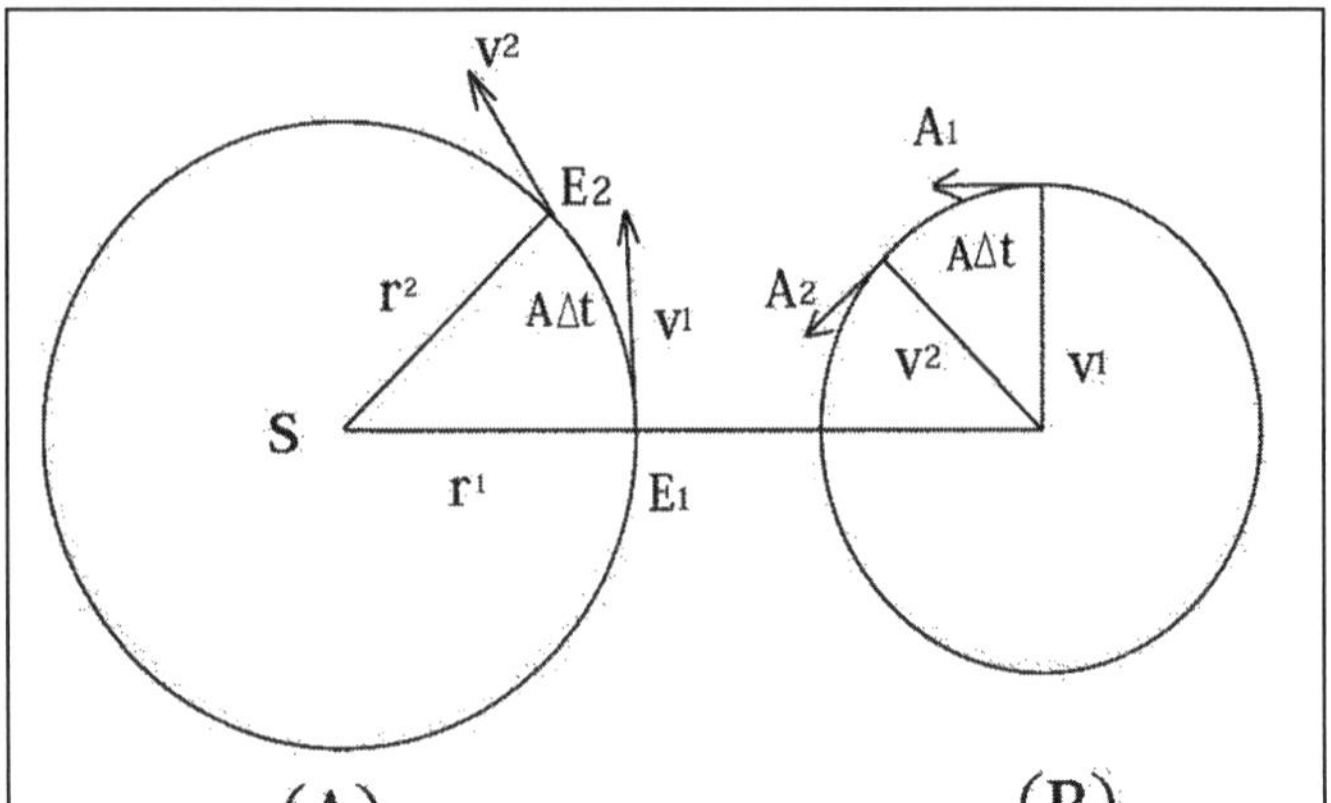

図3

面と僅か 0.8 度ずれているのが見付かったという。ケプラーの学問的良心は、この僅かな誤差をも許さなかったのである。そしてこの２つの軌道面が交差して、その交線上に太陽があることで、地動説が確立した。これが地動説の決定的な証拠となったのである。

こうしてケプラーは、各衛星の太陽までの距離 r と周期 T とを求めた（表。ここでは r も T も地球の値を 1 に取った)。表からこの二つの数値の間には何か関係があるように思われ、彼は色々試行錯誤したのであろう。そうやって彼は遂に距離 r の３乗と周期 T の２乗とが比例することを発見した(表。表では、r も T も地球での値を 1 としたから比例常数は 1 となる)。これを調和法則と言うが、ニュートンはこの法則を使って万有引力の逆２乗を出したのである。

さて、ここではその万有引力の法則を簡単に出そうというのだが、その際、モデルはできるだけ簡単なのがいい。地球の軌道は完全な円（半径 r）とし、円を地球が等速（速度 v）で動くとする（図 3A）。最初地球は図 3A で E_1 の位置にいて、円運動だから速度 v は半径 r に直交する。出発から時間 Δt の後、地球は vΔt 進んで E_2 にいる。E_2 でも速度はもちろん半径に直交する。本当は Δt は非常に小さく、E_1 と E_2 は重なるほどだが、それでは見て分かりにくいので、図 3 では大きく取った。

さてここで速度 v の時間的変化を見てみよう。v は r と直交するのだから、そのベクトル v を、根もとを固定して書いてみると丁度 r の図を 90 度回した相似の円が描ける（図 3B）。ここで速度 v を変化させているのは加速度 A である。そこで図 3A と図 3B とを対応させると、図 3A の r が図３B の v に、図 3A の v が図３B の A に、それぞれ対応していることが分かる。これら二つの図形は相似だから、次の関係が成立つ。v/r = A/v すなわち A = V^2 乗 /r である。これが、この円運動を特徴付ける関係式だが、これでは意味が分からないから、v や A を他の量を使って書き直す。先ず速度 v は、周期 T と半径 r を使うと v ＝ 2 π r/T となる。加速度 A は、ニュートンの「運動の法則」F = mA の関係を使って、力 F に置き換えられる。ここで力 F は太陽 S の引力で、図３からその方向は A と同じで、太陽 S の方を向いていることが分かる。まさに太陽の引力だ。また m は地球の質量だが、2 π とか m とか余計なものは、すべて新しく作った係数 k に含ませることにする（式を簡単にするため）。すると式は F = kr/T^2 乗 となるがここでケプラーの調和法則（T^2 乗が r^3 乗に比例）を入れると、目的の逆自乗の万有引力の法則　F = k/r^2 乗 がめでたく出て来るのである。

こうして万有引力の式を求めることが出来たのだが、衛星の軌道が楕円であることや、太陽がその焦点にいることまで出したわけではない。しかしそれらは、大学の教養課程の微積分で容易に出せるから、とにかく普通の勉強でニュートンの思考の足跡はたどることが出来る、と言えたと思う。

チャンドラセカールは、大著『ニュートンのプリンキピア講義　一般読者のために』を 1992 年（平成 4 年）から 1994 年まで、2 年かけて書き上げたと言う。彼は 20 歳の時、インドからケンブリッジへ留学の航海中に、恒星の進化過程に関する着想を得て、以来、それを発展させてノーベル賞受賞者となった。彼の業績は、チャンドラセカール限界質量の名をもって歴史に残る。これは恒星が最終期、ある大きさ以上だと超新星大爆発やブラックホールになるという理論で、彼は最初から抜群の頭脳の持ち主だったのである。その彼が、最後に選んだ仕事が『ニュートンのプリンキピア講義　一般読者のために』だった。これは 1995 年（平成 7 年）に出版されて、その 2 カ月後に彼は亡くなったという。彼はそれほどニュートンを尊敬し、ニュートンの基幹となる業績を一般読者に分からせたいと願ったのかと、私は粛然とした。そこで、私がもっと広範囲の人と、誰とでも、チャンドラセカールの思いを共有したいと思ったのは、全く自然な事だったのである。

実は私は、本屋で『プリンキピア』の大著に出合ってそれを手にした時､先ず「チャンドラセカール」に気付いて目を見張ったのである。翻訳本の正式の書名は『チャンドラセカールの「プリンキピア」講義　一般読者のために』（講談社）である。私は昔、一度だけチャンドラセカールに手紙を送って返事を貰ったことがある。それはもう 60 年も前、私が大学院生だった時だ。

私はその時、地球物理学科で熱対流の勉強をしていた。ちょうど、マントルの熱対流でプレート運動が起るのではないか、という話が始まった頃である。マントルの熱対流と言っても、当時、熱対流の研究自体が進んでいなくて、液体を下から温めた時、上下面の温度差がどれだけになった時、熱対流が始まるか、という研究がなされていただけだった。しかも液体のモデルとしては、二次元的に無限に広がった液体と、地球のマントルのように球殻を充たした液体の２種類に限られていた。これがその頃、この分野の研究の全てだった。その２種類のモデルの前者はレイリー、後者はチャンドラセカールによって研究されたのだが、レイリーもノーベル賞受賞者である。これらの研究は偉い物理学者だけに美しいものだが、熱対流の始まる時の温度差 T は分かるけれども、それから更に温度が t だけ上がったら対流がどうなるかは教えてくれない。

私は考えているうちに、これは数式を$\sqrt{t}$で書けば解決することだと気付いた。熱対流は $t>0$ の時だけ存在するものだから $t<0$ で虚数になるような$\sqrt{t}$を使えば熱対流は正しく記述されるはずである。これが予想で、事実その通りだった。

チャンドラセカールはその時まだノーベル賞受賞者ではなく、私は彼がそれほど偉い学者だとは知らなかったから、また彼が天文学者だのに、なぜ地球物理のマントルに興味を持つのか不思議な気がしながら、軽い気持ちで$\sqrt{t}$を知らせて合意の手紙を貰ったのである。後で知ったのだが、この$\sqrt{t}$というのは、ロシアのランダウが、状態の変化（相転移）の一般論から、秩序パラメーターとして導き出したものだった。私はこの秩序パラメーターを使って、熱対流の数式を書いたから、当然のこととして結果が出せたのである。ランダウもノーベル賞受賞者である。

少し偉い学者の話をし過ぎた。そしてここに語った話は、彼らにとっては本業の仕事ではなく、オアソビというもので、私はその落ち穂拾いをしただけである。ただし運が良ければ、私は仕事をもう少し発展させることが出来た。今のスーパーコンピュータの時代なら、私の得た解から出発して可成りの学問の流れを作ったかも知れなかった。その方向に行かなかったのは、時代もさることながら、当時まだ科学に対して私の腰がすわっていなかったからである。

私はまだ「一つの文化」や道理主義の考えに達していなかった。しかしとにかく、迷いに迷ってろくに勉強もしなかった人間にも自然は親切であること、不得意だと思ってもきちんとやれば、それなりの結果は出せるものだということ、これは矢張りデーターとして伝えたほうが良いと思う。

結局、私を支えてくれたのは、科学の力、科学に対する信頼、道理の力であると思う。私は、この本の最後に科学への讃歌を記して置きたくなった。そしてチャンドラセカールが、そのきっかけを作ってくれたと思う（ちょっと註を付けておく。チャンドラセカールの「地球マントルの熱対流の仕事」をオアソビと言ったのは、彼の実力からの話であり、研究の意義はしっかりしたものだったと今は分かる。彼は、マントルの熱対流の渦の大きさと大陸の大きさとが同規模であることを示した。彼は、「天体の進化」の目を地球にも向けていたのである）。

あとがき

　私の父は、約百年前に国家は中心より滅ぶとして、天皇の再教育を侍従長鈴木貫太郎（終戦時の首相）に説き、戦時中は判事だったが東条首相に国の滅亡を憂える諫言書を送り、判事懲戒裁判というものにかけられ、終戦時は大審院（現最高裁）の被告だった。

　四十年前、世はソ連の北海道侵攻で騒いでいた時、私はソ連の北海道侵攻など無いし、あっても言論で追い払えると朝日新聞の「論壇」に投稿すると、衆議院の委員会は私の発言を不当として欠席裁判にかけた。しかし私と委員会とどちらが正しかったか、いま結果は明らかだろう。その上、投稿掲載では削除されたが、原稿では私はソ連崩壊も「予言」していたのである。

　今、核兵器禁止条約で国連は二つに分裂しているが、この問題で一番頼りになるべき国際司法裁判所ＩＣＪの勧告的意見というのが間違っているのを誰も知らない。ＩＣＪ自身気が付いていない。ＩＣＪは、核兵器が人道法に違反すると言いながら、突如「国家存亡の危機」を持って来て、その場合には核兵器の使用が合法か違法か、判断出来ないとした。ＩＣＪは、先に禁止兵器とした核兵器を断りなく蘇生させたのである。こういう議論がＩＣＪの勧告的意見として発表され、世の誰もその不都合を指摘しない。私は、こういうことではいけないと思う。そう主張するのが道理主義で、こうして私は、「道理主義ノススメ」という本を書こうと思ったのである。しかしその切っかけが掴めず、躊躇していたら、昭和天皇の真筆の原稿が新聞に載って、これを踏まえて何とか書き始めることになった。

　しかしこのグズグズしていたツケは、間もなく現れた。私は、目が急に見えなくなって参考文献をチェックし辛くなり、更に困ったことには、原稿も書き難くなった。こんな次第で、どうやら「最後」にたどり着いた時は、ホッとしたが、不満足な部分は沢山残る。読者の方々には、読み難いだろうと申し訳ないのだが、お許し頂くのみである。以上の期間中、妹高柳淑子は私が書かなければいけない理由を一番知っていてくれたから、それが書く支えになったと思う。

　最後にひと言。この本には、毛色の変わった小文が一つ付け加えてある。それは、科学に対する私の感謝の気持からである。私は科学に苦労したけども、この世の中に生まれて何が有難かったかと言えば、やはり科学を知ったことだろうと思う。立派なものへの敬意を示したかったとして私的なことを書いたこと、お許し下さい。

　出版は、また社会批評社の小西誠氏に引き受けて頂けることになった。小西氏は評論家として多忙の中、草稿にコメントを下さって、それが非常に適切で苦慮していた修正が進んだ。晩年最後の幸いと、小西さんには敬意を表わすと共に、心からお礼申し上げます。

岡井　敏

二〇二〇年（令和二年）秋

著者略歴

岡井 敏（おかい びん）
1930年生まれ。東京大学理学部卒、同大学院修了、理学博士。
1991年まで科学技術庁無機材質研究所総合研究官、1998年まで工学院大学教授。
著書に『東条弾劾』（現代史出版会、1979年）、『二つの文化から一つの文化へ』（三一書房、1997年）、『父の「陛下に帝王学なし」と東条弾劾 私の「九条で国は守れる」』（早稲田出版、2008年）、『原爆は日本人に使っていいな』（同2010年）、『核兵器は禁止に追い込める』（社会批評社 2016年）

●平和憲法だけで国は守れる
――父子苦難の百年

2020年12月8日　第1刷発行
定　価　（本体1800円＋税）
著　者　岡井 敏
発行人　小西 誠
装　幀　根津進司
発　行　株式会社　社会批評社
東京都中野区大和町1-12-10 小西ビル
電話／03-3310-0681　FAX／03-3310-6561
郵便振替／00160-0-161276
URL　http://www.maroon.dti.ne.jp/shakai/
E-mail　shakai@mail3.alpha-net.ne.jp
印　刷　シナノ書籍印刷株式会社

社会批評社・軍事関係ノンフィクション

●土と兵隊　麦と兵隊（火野葦平　戦争文学選 第１巻）

火野葦平／著　　四六判 219 頁　定価（1500 円＋税）

あの名作の復刊。―厭戦ルポか、好戦ルポか！　アジア・太平洋戦争―中国戦線の「土地と農民と兵隊・戦争」をリアルに描いた、戦争の壮大な記録が、今蘇る（全７巻＋別巻『青春の岐路』）

●日本軍事史（戦前篇上巻 363 頁・戦後篇下巻 333 頁）

藤原 彰／著　　四六判各巻定価(2500 円＋税)

明治・大正・昭和を経て日本軍はどのように成立・発展・崩壊していったのか？　この近代日本（戦前戦後）の歴史を軍事史の立場から初めて描いた古典的名著。本書は、ハングル版・中国語版・トルコ語版など世界で読まれている。＊日本図書館協会の「選定図書」に指定。電子ブック版有り。

●オキナワ島嶼戦争

――自衛隊の海峡封鎖作戦　　小西誠著　1800 円

あなたは、南西諸島への自衛隊配備を知っていますか？　マスメディアが報道を規制している中、急ピッチで進行する先島―南西諸島への自衛隊新基地建設・配備。この恐るべき全貌を初めて書いた本。戦慄する南西シフト態勢の実態が刻銘に描かれる。

●要塞化する琉球弧

――怖るべきミサイル戦争の実験場！　　小西誠著　本体 2200 円

約 300 枚の写真でリポートする南西諸島の島々の軍事化・要塞化！　メディアが報じないこの琉球弧への恐るべきミサイル基地建設・配備の実態を暴露する。著者は、この事実を防衛省への情報公開請求数百点で明らかにするとともに、与那国島・石垣島・宮古島・奄美大島・馬毛島などの全域を歩いてその実態をリポートする。

●自衛隊の島嶼戦争（Part1）

――資料集・陸自「教範」で読むその作戦　　小西誠編著　本体 2800 円

自衛隊の南西シフト態勢の初めての陸自教範『野外令』、『離島の作戦』『地対艦ミサイル連隊』など、自衛隊の「島嶼戦争」の実態を陸自の教科書で読み解く（**part2 は電子ブックで販売中**）